贵族列传

史杰鹏 —— 著

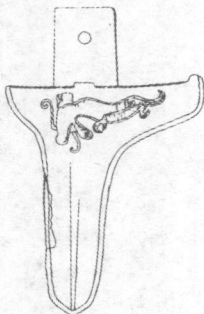

人民东方出版传媒

东方出版社

图书在版编目（CIP）数据

贵族列传 / 史杰鹏 著 . —北京：东方出版社，2018.11
ISBN 978-7-5207-0595-0

Ⅰ.①贵… Ⅱ.①史… Ⅲ.①贵族—列传—中国—春秋时代 Ⅳ.① K820.25

中国版本图书馆 CIP 数据核字（2018）第 218268 号

贵族列传
（GUIZU LIEZHUAN）

作　　者：史杰鹏
策　　划：陈 卓
责任编辑：李伟楠
责任审校：曾庆全
出　　版：东方出版社
发　　行：人民东方出版传媒有限公司
地　　址：北京市东城区东四十条 113 号
邮　　编：100007
印　　刷：北京楠萍印刷有限公司
版　　次：2018 年 11 月第 1 版
印　　次：2018 年 11 月第 1 次印刷
开　　本：787 毫米 ×1092 毫米　1/32
印　　张：10.5
字　　数：152 千字
书　　号：ISBN 978-7-5207-0595-0
定　　价：49.00 元
发行电话：（010）85924663　85924644　85924641

目录

2011年初夏，我的朋友祁又一打电话来，说正在参与筹办一个时尚期刊，问能不能开个专栏。我说："写什么呢？"他说："要不写写春秋时的贵族，现在有钱人虽多，但是太缺乏贵族风范了。"

我想了两秒钟，说："行"。因为我也想，如果有钱人都有点贵族风范，这个国家可能会换一个样子。

那份期刊叫《东方一周》。但是没写几篇，祁又一就离开了，换了一个编辑向我约稿。我有点意兴阑珊，推托在外休假，开学后再说。本以为编辑会很快忘了这事，谁知到了九月，她竟然还记得，私信催促数回，于是只好继续写。现在看来，必须感谢这位执著的编辑，否则，今天这本书，就不会存在。

说说书的主题吧。

春秋时的贵族确实不一样啊，比如郑国的游贩去晋国进行外交活动，路上碰见迎亲队伍，当即色心大发，把新娘劫下。次日新郎带人上门，将他击毙，携新娘跑路。当晚，郑国郑重宣布，游贩强迫别的女性与之发生不正当性关系，死有余辜，剥夺其子继承权，并呼吁新郎回家，安居乐业，政府会禁止死者家属报复。

再比如齐攻鲁，俘获了鲁国贵族臧坚。齐侯派宠臣夙沙卫去慰问："好好养伤，我们不会杀你。"臧坚却怒道："谢了。但你是个阉人，上不得台面。你们领导派你来慰问我，对我岂不是更大的羞辱，故意的吧？我好歹是个贵族，这回还活个屎？"抓起一个木楔子插进自己伤口，使劲搅拌了几下，如愿以偿地死了。

还有一个故事，二十年前初读《左传》时，就很让我震惊感慨。说宋公室内乱，宋国权臣华氏率家族甲士攻击国君，宋君一面抵抗，一面向国际求援。晋、卫两国相继派出救兵，晋国军队的统帅是公子城，两军对阵，他看见华氏一家的甲士个个威猛，吓得想跑。华氏家族最健硕的华豹在后面叫："公子城，你丫真是个胆小鬼！"公子城脸上实在挂不住，只好叫司机回头，他抽弓搭箭，想射华豹。哪知平时学艺不精，手脚缓慢，箭还没搭上，那边华豹已经射出一箭。公子城只好闭眼祷告："老爸啊，你的魂魄一定要保佑我。"可能他爸爸晋平公还真有点灵气，华豹的箭射空。他好不欢喜，赶快又搭上箭，想回射华豹。谁知华豹手脚快得要命，早抢在他前面引满欲射。公子城急了，拼命摇手："你还是不是贵族？公平竞赛，一人射一箭，从小老师没教过？"华豹一听，惭愧地低下了头，将弦上的箭抽出。公子城没有浪费这个机会，他的箭破空而来，射入华豹的胸口。华豹翻身倒在车栏上，两眼望着青天，含恨而死。华豹一死，公子城开始大发雌威，箭矢连发，先是射中了华豹车右张丐的大腿。张丐不愧为车右，也很凶悍，一瘸一拐跳到公子城的车旁，将其车辖击断。公子城再发一箭，将他射死，接着又射杀了华豹的司机干犨，大获全胜……我那时想，如果华豹不讲贵族道德，那么……

这些记载都让我觉得，贵族，还真有和常人不一样的地方，有写的必要。

但真的一篇篇写下去，我发现，尽管我以前对贵族的粗略印象是良好的，尽管确实有种种文明的规范在约束着他们，但蝇营狗苟的事，他们也干得很欢，干得不少，这说明道德究竟难以完全战胜人的动物本性。而且贵族时代，虽然有些贵族的人格确实有点伟岸，但探究他们的生活背景，我们又会发现，那个社会是何等的野蛮：刖掉人的脚，强迫人殉葬，灭掉人的宗族，分掉人的家产和女人……这些在之后的两千多年，有的不再发生，有的不敢明目张胆地发生——原来，社会还是在缓慢进步的。那么，我们对贵族的景仰，难道不过是一种幻觉？

似乎又不尽然。要完全否定贵族的某些道德品质，也有点难度。究竟有一样东西，是后世人最缺乏的，那就是贵族受不得侮辱，他们可以因为一碗羊肉没吃上而发怒，可以因为一顿工作餐不好而奋起。看来似乎卑劣自私、不顾大局，但我们独独忘了，渴望得到尊重，是健康人格的一种表现。如果我们忘记了每个人都该有尊严，反而为奴颜婢膝找出一套理论来支持，那么，我们就真的万劫不复了。

记得刚落笔写这个专栏的时候，笔墨还很放不开，总是先讲故事，之后再阐发点什么。这种八股式的写法，日益让我感觉可耻、无聊。我开始尝试加入一点小说笔法，于是惊喜地发现，面目真的焕然一新。我让历史上的人物在基本不违背文献记载的情况下，按照我的意图说话。这难，也不难。难，是因为要做到这点，在动笔前我必须想清楚这个故事能表达什么主题，有时这种思考要花费很多时间。如果想不清楚，写出来就是很普通的一个讲史，和别人的没有差别。不难，是因为一旦有这种心，故事的主题就会时时率先在我的头脑中出现，接下来的文字，就像重感冒时澄清的鼻涕一样，止都止不住。

除此之外，还有一个写作技巧的问题。一个故事，从什么角度切入，是很重要的。切入得不好，整个文章就臃肿拖沓，没有重点。为此，我经常把写好的稿子删掉，换个角度重新落笔。最多的时候，我写过三稿、四稿。好在专栏的稿费还不算低，值得我这么做。

也许因为有关贵族的话题大家都感兴趣，所以文章才登出几篇，就有好几个出版人找到我预定，想将来结集出版。也许在艺术上，我究竟花了点力气，还有搞影视的人找我面谈，赞扬我写人物台词的功力。这样想来，我觉得写三稿四稿都是值得的。

后来，我给这本书取了个名字，叫《贵族列传》，有点仿照博尔赫斯《恶棍列传》的意思。"列传"这个词，是中国固有的，显得典雅大气；"恶棍"两个字，则有着邪恶的冲击力。我很喜欢他这个书名，所以模仿过来。

自序

虽然《贵族列传》这个书名看上去大气有余，邪恶不足，但书中的内容，有些却足以当得上"邪恶"二字。而且，我们要牢牢记住，普通的恶棍，为害最多只是一方，而贵族都是政权的掌控者，如果他们也邪恶，那作恶的深度和广度，普通恶棍就只能仰视了。好在贵族制度下的贵族们，一般都还有点底线。这个底线，是秦朝崛起后，被兽性十足的秦军冲垮的。从那之后，贵族连带他们的品德，才在中国的历史舞台上彻底销声匿迹。我们中国人，大多不熟悉秦朝以前的中国，这是很遗憾的。

所以我希望读者喜欢这本书，了解一点先秦的中国，了解那些真正的贵族。

葵丘的瓜田，一片欣欣向荣的景象。但是两个齐国的贵族却很不开心，因为他们没有接到齐襄公的慰问电。去年这时候，他们被派来当边防军官，齐襄公答应得好好的："放心去吧，明年瓜熟的时候，就派人去换岗。"估计他当时正嚼着一块肥美的甜瓜，顺嘴就创造了这个有声有色的典故：瓜代。

两位贵族商量了一下，认为领导在首都日夜为祖国操劳，吃苦在先，享乐在后，可能忘了这档事，于是写封信去问："尊敬的领导您好：转眼一年过去了，瓜又熟了，您派来的轮换军官已经在路上了吧？迫切等候您的回音，敬祝领导万寿无疆。下属连称、管至父拜上。"

没多久，回信果然来了："你们也是老同志了，怎么天天就想着安逸？继续为祖国守卫边疆吧，祖国需要你们。齐襄公。"

连称和管至父这下不高兴了："搞什么搞？不是说好的吗，一年一换，保卫边疆，人人有责，凭什么就该我们受罪？领导同志也要讲信用！您不让我们安逸，那对不起，您也别想安逸。要知道，我们可是响当当的贵族，不是一捏就烂的软柿子。我的好领导哇，这回，您可真的错啦。"

他们当即和公孙无知——一个早就对领导不满的贵族——接头，成立联盟，准备一起把领导做掉。

但领导毕竟是领导，身边很多保镖，不那么容易做。连称想起了自己的堂妹是齐襄公的小妾，又派人联络："亲爱的妹妹：如果你不求上进，那就算了；如果你还想出人头地，就帮我侦察国君的行踪，我们决定做掉他。事成之后，立你为君夫人。"

小妾果然心动，反正一年到头也见不到领导几面，眼看熬成老帮菜了，活这一辈子，难道就等着肥田？绝不！她深吸一口农业时代的健康空气，强行压住自己高耸的胸脯里奔跳的上进心，回应堂哥："一言为定。"

齐襄公就是那位跟自己姐姐通奸的主，为了谋杀姐姐的亲夫鲁桓公，他曾经把公室贵族彭生当临时工给出卖了，何况区区的异姓贵族连称和管至父。但他不知道，作为一个春秋时代的国君，并没有想搞谁就搞谁的本钱，贵族不是好惹的。接下来，他就演绎了一场戏剧性的死亡。

这年十二月，齐襄公冒着寒风去贝丘打猎，看见一头大野猪。随从却吓得要命："那是公子彭生啊。"但齐襄公是个唯物主义者，怒道："彭生这死鬼，还敢出现？"一箭射去，野猪像人一样站起来，哇哇啼哭。齐襄公这回吓住了，看来人世间还真是有鬼？！一跤跌下车，腿跌伤了不算，皮鞋也弄丢了，一瘸一拐被抬着回了住处。

齐襄公在外地打猎受伤的消息，很快传进了贵族联盟的耳朵，他们没有错过这一重大历史时机。

而此刻节俭的齐襄公正心疼自己的鞋子，挥起鞭子猛抽贴身太监小费："连个鞋子都找不到，废物，你知道那要多少钱吗……"

小费任劳任怨，由他抽，直到受够了出门，在门口遇见了连称、管至父的联盟军，当即被劫持。他赶忙声辩："我刚刚挨了打，和你们一样，都是一个阶级的兄弟呀。我愿意给你们当前锋。"盟军见他背上血迹斑斑，信了："万恶的奴隶主贵族……让这位阶级兄弟走。"

但小费是个愚民，他的阶级立场并不坚定，他跑进宫中，反而把齐襄公藏起来，扛着一支枪就出来了，要跟盟军拼命。当然，只能死于非命。另一个太监石之纷如在台阶上被乱刀砍死。盟军蜂拥冲进齐襄公卧室，看见床上有人，又是一阵乱砍，砍完后发现不对："咦，长得不像领导哇。"他们看见门下面露出一双脚，揪出来一看，嗯，这才是领导，第三次乱刀下去，齐襄公这才艰难驾崩。

这个故事告诉我们，一个人，如果不讲信用的本钱不大够，还是应该讲点信用。齐襄公就是在错误的时代错误地认为，自己作为国君，有的是不讲信用的本钱，最后弄得把老本也丢了，实在得不偿失。因此，我认为，全世界的领导同志，都应该以齐襄公同志为前车之鉴，才能够平稳行车。

尊严的代价

　　请允许我谈谈贵族华元。在一些故事中，这竖子很有风度，别人害他，他装傻；别人骂他，他躲开，的确是个纯正贵族。这次我们要讲的是，他和其他铁杆贵族一样，非常讲尊严。为了尊严，可以不惜战争。

　　事情是楚庄王挑起来的。一般来说，一个人肌肉发达，就喜欢到处挑衅，国家也不例外。三年前在邲地，楚庄王亲率楚师，击败了超级大国晋国，正式成为第一世界。但有些不识相的中等国家不服，比如以华元为首相的宋国。楚庄王心想，得找碴儿教训它一下。

　　这一天，他派出两个使节，分赴齐、晋两国访问，告诫道："不要向途经的国家借道。"访晋的使者叫公子冯，他挺直了胸脯，响亮地说："报告领导：保证完成任务，决不搭理郑国政府。"访齐的使者申舟却急了："我尊敬的领导啊，郑国人识相，公子冯他肯定没事；可宋国朝中一窝憨货，我去肯定是送死呀！"

楚庄王笑了："放心，早就给你在大楚人寿公司买好保险了。要出了意外，我立刻出兵伐宋。"

申舟当即派人把儿子叫来，让他亲手接过楚王买的那张巨额保单，放心地去了。他一只脚刚踏进宋国国境，就成了宋国边防军的俘虏，被带到总理华元跟前。华元摸摸络腮胡，气愤地说："你们楚国也太嚣张了，超级大国，超级大国了不起啊？别忘了，我们宋国也是一个主权国家，在周天子面前，大家都是平等的，都有各自的一票。国家领土神圣不可侵犯，你路经我国却不借道，等于把我国当你们的殖民地了，我不杀你，是亡国奴；杀了你，也是亡国奴。你说，你该不该杀？"申舟说："该。不过我们领导不会善罢甘休，你要想想后果。不要搬起石头砸自己的脚，不要在错误的道路上越行越远。"

华元说："没有什么比当殖民地后果大，现在是你在砸我的脚，再错误的道路，我也不能不走。"

于是申舟死了。

消息传到楚国，楚庄王光着脚就往宫外跑（召集军队），顺便为我们创造了一个成语：剑及履及。意思是，由于他跑得太快，仆人在院子里才追上他，帮他把鞋穿上；又在院子外面才把剑给他佩上。可以说，他确实是个有信誉的人，保单一旦开出，绝不拒付。

楚兵很快把宋国围得铁桶一样，华元向晋国求救，晋国才吃了楚国的苦头，不敢发兵，但又怕失去更多的小弟，于是给宋国开了一张空头支票："再坚持坚持，我们政治局开个会，商量好了马上发兵。"

在这种恶劣的国际环境下，华元知道什么也指望不上，只有自力更生，艰苦奋斗。在一个月黑风高的秋夜，他偷偷出城，潜入了楚国军营，顺利地出现在楚军大将子反的床上。他把子反从被窝里一把揪起来，开门见山："不妨告诉你，我们城内挺不住了，现在正易子而食，析骸而爨（煮饭）呢。但作为一个主权国家，我们宋国是有尊严的，想逼我们签城下之盟，宁愿玉碎也不能答应；如果你们肯退兵三十里，唯命是听（一切都好商量）。"

刀架在脖子上，子反哪敢不答应，于是满口答应，歃血为盟。他跑去见楚庄王，楚庄王一听，感动了，一国总理啊，亲自当刺客，这是一种什么精神……同意签订和约，上面写着：我无尔诈，尔无我虞。意思

尊严的代价

是，以后大家都要开诚布公，肝胆相照，别搞得外交关系紧张兮兮的。当然，战犯华元必须作为人质在楚国住住。

华元引咎辞去了总理职务，登上邮车，噙着热泪离开祖国，开始了他在楚国的人质生涯。考虑到这场战争死亡率太高，我不知道该不该这么说：他保住了他的贵族尊严，却让很多不是贵族的人付出了贵族才付得起的代价。

有一天，色狼，哦，不，色鬼卫宣公决定杀掉自己的太子急子（他跟庶母夷姜私通生的），这件事压在心头十几年了，一直没有做，总是宽慰自己，不要急，还有的是时间，明天再说吧。可是明日复明日，明日何其多。眼看另一个爱子寿子一天天长大，卫宣公知道，得赶紧动手，不能再拖啦！

但是，这事没法公开做，也就是说，要"法办"急子，是不行的。因为卫宣公想做掉急子的原因，是十七八年前，他给急子娶媳妇的时候，发现新娘非常漂亮，于是自己笑纳了。新娘很快为他生了两个儿子，一个叫寿子，一个叫朔。这个道德包袱他负担不起，只有杀掉当事人，才能解脱。

最终他自力更生，想出了一个好主意，派急子去齐国访问，然后收买一队强盗，守在边界上，急子一到，就让他成为一起刑事案件的受害人，从此天下太平。

不过他的计划却被寿子知道了，卫宣公万万没想到，寿子是个具有高尚情操的贵族，他把消息传给急子："哥，事情不妙，你还是流亡别国吧。"

谁知急子的道德情操也不低下："父亲的命令都不听，要儿子干什么？天下有无父无君的国家吗？我马上去。"

寿子没有说什么，他被哥哥大无畏的精神深深折服了，于是假装给哥哥饯行，将其灌得大醉，然后抱着出使用的旌旗，急急忙忙赶往边境。在卫国美丽的边境小镇莘（今山东莘县），强盗正在苦苦等候，看见寿子手中的旗帜，迎上去手起刀落，寿子躺在了血泊中。

但事情还没有结束，下面是我根据《左传》简略的记载，艰难复原的后续场景：

强盗杀了寿子，吹了吹刀刃："好快刀。"吩咐喽啰："把旗子扛回去，收工。"

他们正要离开，这时一个中年大叔上气不接下气跑来："喂，停下，杀错了。"

这句话让强盗恍然大悟，是呀，雇主说行动目标是中年人，刚才这死鬼才是个高中生。这样回去，拿得到酬金吗？他眯着眼望着中年大叔："你说什么？"

中年大叔说："你杀错人了，要杀的人是我呀。"

强盗感觉这回不能再马虎了："我从不滥杀无辜，请提交简历。"他要验明正身。

中年大叔说："姓名，姬急子；性别，男；年龄，中年；籍贯，卫国濮阳人；社会关系，父亲卫宣公，母亲夷姜，这种名字，什么出身，你懂的。"

强盗头点得像鸡啄米："我懂我懂，不就是贵族吗，很好，正是我要杀的人。不过，你也不要太粗心啦，旗帜也随便出借，害得我差点渎职。"他觉得强盗多少也算一种职业。

急子说："我被灌醉了，弟弟就偷了旗帜假扮我。"

强盗有些敬佩："你们都不怕死呀？"

急子说："哪有不怕死的？不过你也知道，我们是贵族，无求生以害仁，有杀身以成仁。这种高尚情操，你们这些强盗是不会理解的。"

强盗反唇相讥："好吧，尊敬的贵族，请过来挨刀吧。在杀你之前，我还想问问：你爹不也是个贵族吗？为什么派我这样的强盗来杀你呢？他的仁呢？"

做贵族的困难

急子："~！@#￥%……&*。"于是强盗手起刀落，将急子砍翻。

　　写完这个故事，我深深地感觉，做个贵族实在太难了，我说的不仅仅是急子和寿子那样的贵族，还包括卫宣公，或者好到极致，或者坏到极端……唔，我觉得还是正常点比较好。

之前我写了一些不尊重领导的贵族，他们一怒之下就杀领导，很蛮很暴力，对年轻人影响不好。这回我要改邪归正，写一位对领导很尊重的贵族，他的名字叫——鬻拳。

鬻拳出场的时候，就干了一件大事。他劝谏楚王："这件事我认为该这么干，你得听我的。"楚王摇摇头："我觉得不靠谱。"小鬻不再说话，掏出武器对准领导："今天不听劝谏，我鬻拳眼睛认得大王，这家伙却认不得。"

看来这是一条像武松一样的光棍，天不怕地不怕。楚王吓坏了，只好答应。自从商鞅制定族诛之法，大家最怕的就是有鬻拳这样的亲戚，七大姑八大姨，平时从不来往，但人家政府不管，一人犯了事，按照基因图谱去抓人砍头。好在那时商鞅还没出生，楚王没有拿鬻拳法办，是鬻拳自己主动认错的："我竟然对领导拔枪，太不礼貌了，我会对自己做点什么。"

接着他就剁了自己一条腿。

没腿的人也不能光消耗粮食，粮食不要钱的？按照那时废物利用的传统，瘸子鬻拳被组织安排到了一个更适合他的岗位——看大门。不过他看的并不是郢都国营云梦机械厂的大门，而是国都郢的大门。门和门是不同的，毕竟是贵族。因此，鬻拳的称呼也不会是什么"传达室鬻大爷"，而是响当当的"大阍"，有个"大"字作前缀，不一样，就譬如"小校"只是一个普通士兵，"大校"则起码是师长。总而言之，鬻拳同志应该是个部级干部。

但瘸子鬻拳并没有对组织感恩戴德，不久又犯了老脾气，再次冒犯了领导。下面就是案情经过。

话说楚武王曾经灭掉了一个小国，权国，派贵族斗缗去管辖。不久，斗缗玩起了反叛，楚武王怒了，发兵将他干掉，把支持他的权国遗民全部迁到那处县，派阎敖当一把手。武王死后，楚文王即位，联合巴人进攻申国，却得罪了巴兵，巴兵一怒反攻楚王，首先攻下了那处，接着就要进军郢都。在那个寒风凛冽的冬天，那处市委第一书记阎敖光着身子，游过涌江逃回了首都。文王很不高兴，悍然判处阎敖死刑。但阎敖的族人不服，找楚王讨说法："凭什么打败了不可以逃命？美国的战俘重金赎回来，还被当成英雄夹道迎接呢，何况我们是自己逃回来的，没花祖国一针一线。"

楚王感到跟这些愚民说不清，动辄拿美国来比附，一点国情都不讲。他决定先维稳，再对外。城外的巴人军队眼看有利可图，冒着刺骨的寒风，加紧了他们的攻势。

但巴人很快失望了，冬天很快过去，春天的脚步近了。楚王宣布维稳成功，在桃红柳绿的春光里，出城和巴人合战，在津地兵败，他本能地率领残兵逃回国都，却吃了鬻拳一碗热腾腾的闭门羹："楚国不接纳战败的军队，你是楚国的王，打了败仗就逃回来，你不要脸，楚国还要脸呢。"

无可奈何的楚王只好带着残兵北上，进攻黄国。这支败兵对抗巴人不利，打黄国却绰绰有余，在踖陵，黄国军队被楚兵杀得丢盔弃甲。楚王觉得这回算有资格回国了。他带着军队走到湫地，身体有点不舒服，正是盛夏六月，天气炎热，他像一条干鱼一样死在那里。

刚直的贵族鬻拳这下又傻眼了，很显然，如果自己当时肯放领导进城，领导就不会颠沛流离；如果领导不颠沛流离，也许就不会死。残酷刻骨的分析让鬻拳无法原谅自己："不行，我还得对自己做点什么。"

这回他没有砍掉自己另外一条腿，而是直接砍断了自己的脖子，遗嘱上说："我死后，一定要把我埋在绖皇（楚文王陵寝宫殿的前庭），我对不起领导，死了也要给领导守陵。"

楚国人很感动，多好的同志呀，"大阍"这个职位得给他们家留着，以昭著功勋。从此。鬻拳的儿孙都世袭"大阍"。

鬻拳的故事让我想起了日本《四十七武士物语》里的武士。既尊重君主，也尊重大义；为了大义，可以冒犯君主，但也勇于承担冒犯的责任，这大概是中国的武士道精神。我很想传话给本尼迪克特的崇拜者，要写中国的《菊与刀》，应该穿越去楚国。

🌑 贵族不能幸灾乐祸？

老是讲地方政府的故事，忽视了中央，这回要谈周朝中央的一个故事。

话说周庄王有个小妾，叫王姚（嫁给周王的姓姚的女人），生了一个儿子，叫王子颓。虽然是庶出，可是很得老爹喜欢。专门给他安排了一个老师，叫芧国，当然也是个贵族。后来周庄王挂了，周惠王接班，看上了芧国的庄园，想找个借口没收，于是翻出了《诗经》，振振有词地说："您看，'普天之下，莫非王土'。我们大周搞的是井田制，一切土地属于国家，您的庄园当然也不例外，不是吗？"

什么井田制，分明就是抢劫嘛。芧国心里很清楚，但敢怒不敢言，乖乖交出了庄园，同时也在心中记下了一笔变天账。他知道，一上台就这么瞎搞，这样的领导肯定当不长。为什么？大周的政治体制不允许。贵族是有话事权的，一个贵族受欺，不得不忍气吞声，可是两个呢？两个不行，三个呢？芮国知道，在大周国，受到欺压的贵族不要太多，三个足够，五个更佳，足以压倒周惠王这头蠢骆驼。芮国天天起早锻炼，身体很健康，有信心等。

很快，周惠王拣起了第二根稻草，他叫边伯。

首先要请大家肃静，我说的是周朝的边伯，不是香港肥皂剧里的边伯——姓边的大伯，后者兴许连碗甜汤都煮不来，前者可是响当当的贵族。在那个年代呀，凡是姓氏后面加个伯呀叔的，一定是贵族，这道理心里要明白。

因为边伯他家的屋子和王宫紧挨着，周惠王要据为己有。什么，不行？你以为是在德国，风能进，雨能进，就是国王不能进？周惠王说："我来了，我看到了，我拿走了。"——边伯就这样失去了他不止七十年产权的祖屋。

没有办法，他和芮国一样，只有翘首盼望第三根稻草了。

周惠王性子比他们急，很快又一连欺负了三个贵族，一个叫子禽祝跪，一个叫詹父，一个叫石速。前两个是地主，他们的田产相继被无偿充公；后一个是大周的膳夫（御膳部部长），掌管王室伙食的（有时还兼掌册命，地位不低），是个美差，但是周惠王这天叫住他："嗨，您好，请解下您腰间的钥匙，去账房结了这个月的薪水，明天不用来上班了。"他很彬彬有礼，虽然干的事很无礼。

现在稻草有五根了，他们还怕不够，又找到了一个几十年前被周惠王爷爷周桓王夺走过田产的贵族，姓苏的，成立了六人帮，奉王子颓为新领导，共同讨伐周惠王。

然而依旧遭到了可耻的失败，只能一起逃亡卫国。去卫国政治避难，这不是随机的，是精心挑选的。因为卫惠公是他们找的第七根稻草，因为卫惠公的政敌黔牟被周惠王收留了，因为卫惠公一直对周惠王怀着满腔仇恨。七根稻草一拍即合，拧成一根稻草绳，在一个寒冬腊月，奔袭周，蠢骆驼周惠王经不起这一压，轰然倒塌。王子颓即位。

周惠王跑去向郑厉公哭诉。郑厉公是赶跑哥哥取得王位的，按说他应该跟王子颓惺惺相惜。但他没有，因为得罪权臣祭仲，他也曾经流亡国外，对周惠王的痛苦感同身受。所以，他决定站在周惠王这边，出兵攻王子颓，可惜的是，他这次没有取胜，只抢劫了一些财宝，快快撤退。

但他并没有忘记这件事，而是默默等待机会。田园时代的周朝，时间之河缓慢流淌着，用不着心急。

转眼间就是年底，王子颓的屁股在周天子的宝座上已经坐了一年，他搞个大周春晚，犒赏自己的恩公，这次联欢搞得特别隆重，可以说，把周朝开国以来压箱底的乐舞全拿出来了。

一直密切注意王子颓动向的郑厉公，当即和大贵族虢叔会面。主客双方在亲切友好的气氛中交换了意见，郑厉公说："这王子颓抢了哥哥的位置，搞得国家乱七八糟，竟有脸办春晚，还办得那么隆重。按照周朝的规矩，司寇（法院院长）判决罪犯的时候，国君都应该吃剩饭剩菜，停止娱乐，为什么？身为贵族，要有恻隐之心。可他王子颓却纸醉金迷，幸灾乐祸。这样的人，能配当王？"

虢公表示首肯："别说不配当王，就是当一般的贵族都勉强。"

双方达成了共识，发布了郑虢联合公报：一起出兵，搞定王子颓。

郑国的兵马从南门，虢叔的兵马从北门，一起攻入王子颓居住的王城，王子颓和五大夫从梦中惊醒，赶紧发兵抵抗，不敌，壮烈殉国。流亡一年的周惠王复位。

这个故事好像是告诉我们：贵族应该懂礼，不该随便搞春晚，不要幸灾乐祸？哦，不，我不这么认为，相反，我认为，这个故事告诉了我们：打不过别人，搞春晚是很危险的；打得过的话，搞多少台都成。

　　这位愚公似的贵族英雄，名叫姬成师；死了之后，按照传统，大家尊称他为桓叔；因为他的公司总部设在曲沃，写书的人又称之为曲沃桓叔。

　　桓叔创业的地盘曲沃，是他的侄子晋昭侯赐给他的。这位晋昭侯高风亮节，他自己公司总部的所在地——翼，城墙没有曲沃高，面积没有曲沃大，人口没有曲沃密，税收也不可能有曲沃多。但这些都没有让昭侯犹豫。他把户籍册推到桓叔面前："叔，从今以后，这个城市的人都归你收税了。"

　　这一年，桓叔五十八岁。但他没有对侄子感恩戴德，反而，他的心在对死去的哥哥呐喊："哥，我看上了你的家产，怎么办？"

　　能怎么办？只有先把自己的公司打理好，再找机会吞并哥哥的公司呗。他就是这么做的，也确实很擅长经营，童叟无欺，于是越来越多的人来照顾他的生意，他的名声逐渐超越昭侯，甚至赢得了昭侯的得力马仔潘父的崇拜。七年后，桓叔接到了潘父的电报："我已弑老大，速来接管晋国。潘父。"

桓叔很开心，立刻启程，但在路上又接到潘父的电报："我吃里扒外的行径已经暴露，对不起。潘父绝笔。"接着，桓叔和晋国的军队激战，桓叔军败，退回曲沃。翼城立昭侯的儿子姬平为君，是为孝侯。

八年后，七十三岁的桓叔赍志而没，死前大叫："哥，我看上了你的家产。"他的儿子姬鱓（鳝的异体）见老爸死不瞑目，发誓说："爹，我知道，没有搞到大伯的家产，您很不甘心。您放心，您给儿取名的深意，儿十分清楚，儿在有生之年，一定会像条鳝鱼一样钻进翼城，把大伯的家产弄来。"

但这件事确实很难，十五年后，姬鱓同志才找到了一个机会，率领手下马仔攻进了翼城，把侄子晋孝侯给弑了。但他还没来得及坐上君位，又遭到孝侯身边马仔潮水般的反攻。姬鱓这条小池中的鳝鱼，经不起大浪，他像一只空瘪的矿泉水瓶，被潮水冲回了自己的海滩——曲沃。晋国人立孝侯的儿子姬郄为君，

哥，我看上了你的家产

是为鄂侯。

　　鄂侯很短命，六年后就挂了。听说翼在办丧事，姬鱓又蠢蠢欲动，再次率领马仔向翼进发。这消息传进了周朝老大周平王耳中，平王大怒："太不像话了，人家在办丧事呀，不伐丧知不知道？还是不是个贵族？"派虢叔发兵阻止。姬鱓不敌，再次怏怏退回曲沃。

　　两年后，怀着深深的遗憾和愧疚，姬鱓死了，他被组织上谥为"庄"，大家尊称他"曲沃庄伯"。虽然仍是赍志而没，但他毕竟努力过，还努力了两次，这种顽强坚韧的精神激励着他的儿子姬称。姬称也对老爸发誓："您给我取名为称，就是希望称心如意，您放心，我一定不辜负这个名字，有生之年，一定把大房的家产抢来。"

　　他准备了六年，和一个叫陉庭的小公司签订了协议，在汾水旁联合袭击了晋国军队。这时鄂侯已经死了，他们俘虏了哀侯姬光。但晋人没有被姬称的邪恶吓倒，他们随即立了哀侯的儿子姬小子为君，继续和姬称作斗争。

　　姬称没有办法，杀了哀侯。但四年后，他又找到了一个机会，将姬小子骗去割了脑袋，满以为这次终于成功，结果再次遭到了老大周桓王的干涉："没见过这么不要脸的家族，死乞白赖地要夺大房的家产。"再次派虢仲发兵干涉。姬称只好又一次吐出入口的美味，悻悻退回老巢。虢仲奉令，立晋哀侯的弟弟姬缗为国君。

姬称同志从此龟缩在曲沃，一直等了二十八年，胡子都白了。他觉得来日无多，一定要赶在死前完成两代人的遗愿，于是再次纠集马仔攻入了翼，干掉了侄孙姬缗。这次他吸取了教训，把抢来的所有财宝，全部打包献给周朝的现任老大——周釐王。周釐王见姬称这么识相，决定承认现实："姬称同志，我不是垂涎你这点东西，我主要是佩服你们祖孙三代的毅力。六十七年啊，你们终于做成了。没有对大房地位和财产无与伦比的渴望，简直不可想象。我从你们身上学到了一个哲理，那就是：世上无难事，只怕有心人。"

姬称同志松了一口气，再也不会没脸见列祖列宗了。两年后，他含笑九泉，因为他的丰功伟绩，别人和写书的人不再称他为叔哇伯的，他有一个更加响当当的名称——晋武公。

有实力的贵族才能搞风流

　　有这么一对连襟，一个叫蔡哀侯，一个叫息侯，他们都娶了陈国的公主。前者娶的时间大概要早几年，后者娶的时间大概要晚几年。我们的故事，就发生在后者娶亲的时候。

　　按照那时的称呼习惯，息侯的新娘名字叫息妫。她一身喜庆，被花团锦簇的送亲队伍护卫着，从陈国首都宛丘一路向南，途中经过姐夫的蔡国。蔡哀侯没有想省钱，而是热情地留客："小姨子来了，我这个做姐夫的，得请她吃一顿大餐。"看吧，这人多厚道。

　　但是在餐桌上，麻烦出现了。厚道的蔡哀侯同志万万没想到，自己这个小姨子竟然长得那么美。"这太不公平了。"他一连发出三串天问，"凭什么息侯那小子这么有艳福？凭什么我只能干看看？凭什么我不能调戏一下？"

他是知行合一的人，立刻就行动起来。其中的细节，因为字数限制，恕不能铺叙渲染。总之美息妫像月宫的嫦娥一样贞洁，没有让蔡哀侯这个猪八戒得逞。他眼睁睁看着她的结婚车队扬长而去，怅恨久之："嗟夫！一朵鲜花竟然插在牛粪上。"

若要人不知，除非己莫为。息侯很快听说了连襟的流氓行径，勃然大怒。怒过之后，却也没办法。蔡国虽然不大，可他息国更小，打不过呀。可他不想忍气吞声，他游目四望，发现南方有个膀阔腰圆的大汉——楚国。也许是气昏了头，他立刻派了一位特使去楚国，对楚文王说："大哥，您不是一直想把事业做大做强，到中原发展吗？我有一个好主意：您来侵略我，我假装向蔡国求救，蔡哀侯是我连襟，他肯定来帮我，您再名正言顺打他，依您的块头，把他干倒，是分分钟的事。"

既然天上掉下一个馅饼，楚文王没有理由不果断将它咬住。他感叹了一声："息侯这家伙真坏。"率领大兵开往息国。与此同时，蔡侯也收到了息侯的求救信。他虽然好色，但不缺乏责任感，在膀阔腰圆的楚国面前，他没有退缩，毫不含糊发兵救援，颇有孟子

有实力的贵族才能搞风流

说的"虽千万人，吾往矣"的精神。当然，奇迹没有发生，他弱小的军队在莘地被楚军击溃，自己也成了楚王的俘虏。

这天，《大周日报》的社会新闻版右下角，登载了这一消息，标题为：好色男蔡哀侯调戏新娘，新郎一怒雇人将其绑票。

战俘蔡哀公在楚国一待就是五年，没有人来救他。他的祖国也许想救，可惜没能力。最后他想通了，千错万错，自力更生这句话是真没错。他要求面见楚文王，说有重要情报提供，希望换取特赦。楚文王很好奇，答应了。在楚文王面前，胡子拉碴、营养不良的蔡哀侯回溯了自己悲惨的一生："大王，我献舞（他的名字）之所以落到今天这步田地，您知道是为什么吗？都是因为好色呀，色字头上一把刀呀，我悔不当初呀。"

楚文王有点失望，说是提供情报，这竖子却来忏悔。这真是莫名其妙。他想，我可不是神父，尽管你是一头迷途的羔羊。再说，你竟然不懂文字学，"色"和"印"是一字分化呀，哪有什么刀？这是小学课本上都有的呀，作为一个贵族，这么没文化，这应该吗？不及格呀。

蔡哀侯迅速捕捉到了楚文王脸上的微妙变化，他见好就收，话锋一转，改为控诉："可是，我犯的，只不过是天下男人都会犯的错误哇，主要还是我那小姨子太美了呀！"

众所周知，最后一句确是重要情报，作为一个男人，楚文王没有轻易放过，他惺忪的眼睛立刻变得炯炯有神："啊，真的？有多美？"

蔡哀侯来劲了，他挺胸吸肚，站得笔直："报告政府，保证达到重大立功级别。"

楚文王笑了："明白了，多谢你，我一定争取为你减刑。当然，如果情报确实不错的话。"

楚国兵马出了北门，进入息国，轻松搞定了息侯，将息妫弄到了楚文王床上。这天，《大周日报》的头版头条是这样写的：这才是爱情——楚文王为美女率兵灭息。

我从这个故事得到的教益是：男人如果没有实力，最好别去勾三搭四，否则会登上社会新闻版；如果有实力，哪怕欺男霸女，也没有关系，大不了咱上头版头条。

有实力的贵族才能搞风流

　　我要继续讲楚文王和息夫人的故事。

　　话说息夫人被楚文王因爱之名，从息侯床上弄到了自己床上。她没有反抗，而是本着有播就有获的契约精神（在中国古代，这叫"信"），一口气给楚文王生了两个王子，一个叫堵敖，一个是楚成王。不过奇怪的是，她从不主动开口说话。如果她姿色一般，楚文王一年顶多见她一次，倒也罢了。怎奈她有倾国之貌，已经靠着美色倾毁了前夫的国家，楚文王对她实在欲火中烧，欲罢不能，这一切的一切，砌成此爱无重数，他终于忍不住问："老婆，我娶了你这么些年，孩子都生了两个，你怎么从不跟我说话？"

　　客观地讲，这很名不副实，楚文王并不是"娶"

了她，而是抢了她。不过在野蛮时代，人类跟动物园里的猴子似的，老婆都是抢来的。古文字"取"，字形就是一只手揪别人的耳朵。古代战争计功，斩了敌人，需要把敌人的耳朵割了带回去。后世的贵族变得文明了，为了粉饰自己的强盗行径，才开始在"取"的基础上创造一个"娶"字，显得很温情脉脉。我敢说，楚文王眼下就是被他的贵族文化修养给迷惑了。当然，我们也不能否认，抢来的老婆，也未必不能产生爱情。况且，这世上有多少对男女，孩子还没来得及生出，爱情就已经香消玉殒；又有多少男人能做到像楚文王这样，孩子都搞出两个，爱情之火却依旧熊熊燃烧；有几个男人，结婚数载，还能整日价使出浑身解数去呵护爱情？有几个？啊。

息妫，不，现在应该改称楚妫了，她哀怨地说："我一个纯情大女孩，被迫嫁了两个老公，还有什么脸面活在世上？就算不舍得死，也只能装深沉，有什么资格说话？"

楚文王很通情达理，他深情款款："这不是你的错，你也是受害人。亲爱的，告诉我，你要怎样才能开心？"虽然由息妫变成楚妫，这个失足妇女的诞生，他楚文王功不可灭，但他能装得和自己完全无关，这大概就是传说中的"高风亮节"，今天，我们则称之为"低调"。

楚妫回答了什么，史书上没有记载。我给她设计的台词是："人家都说倾国倾城貌，我，想来个双份的。"好像她在麦当劳点餐，今天正好店庆，搞活动。

楚文王松了一口气："就怕你没要求。亲爱的，你要知道，凭你的美貌，摧毁一个国家真的不够，你完全有资格点双份。"

还有什么比有能力取悦美女更开心的？楚文王立刻召开了军委扩大会议，进行战争动员："同志们啊，为了让我老婆楚妫开心，我必须打一场仗。"

同志们很理解："大王，国家是你的，你说了算。爱情需要呵护，爱情不能光动嘴皮子，爱情还需要付诸行动。"

楚文王举起拳头："那么，就将爱情进行到底！"

楚国的大兵浩浩荡荡向蔡国进军，打的旗号竟然是：蔡国太坏，出卖了息国，楚兵要替天行道。但《大周日报》没有被楚文王这种恬不知耻的借口迷惑，它那天的头版是：为了呵护爱情，楚文王伐蔡。

仍旧被软禁在楚国的蔡哀侯捧读了这张报纸，他立刻意识到，自己再也回不了祖国，非常绝望，写了一首诗：

> 有的人，连美女的手都没摸到一下，
> 就国破家亡，成了囚徒。
> 有的人，和美女连搞出了两个孩子，
> 却呼风唤雨，红得发紫。
> 问世间，天理何在？
> 这叫我，情何以堪？

他果然获得了楚国的绿卡，准许——应该说被准许——永久居留，待了十三年，直到死去。

这个故事让我悟到：一个人有了实力，不但能收获爱情，还能呵护爱情；不但能呵护爱情，还能展示爱情。一句话，在那个时代，有了实力，你想干什么干什么，世界由你说了算。

真正的贵族华元

我忍不住想深入谈谈华元。

华元，生卒年不详，宋国相人也。祖先是宋国公室，如假包换的贵族。公元前607年，在和郑国军队的交锋中，他以宋国执政的身份担任前敌总指挥，因为战前羊肉分配不均，被司机羊斟出卖，成了郑国人的俘虏。由于他十分重要，经过谈判，宋国答应不惜血本，以一百辆装甲车，四百匹毛色润滑的马将他赎回。说是血本，一点都不夸张，要知道在华元那时代，第一军事强国晋国，相当于今天美国的地位吧，它的装甲车也不过七八百辆，何况华元的赎金还加上四百匹百里挑一的骏马，起码可以抵三十辆兵车。也就是说，为了让华元这家伙回到祖国的怀抱，宋国大概付出了军事力量的三分之一。这还不算因为战败，被郑国当战利品掠去的四百六十辆装甲车。

也许因为实在想为祖国节约经费，赎金才打过去一半，华元就偷偷逃出来了。有趣的是，在首都的城门口，他碰到了罪魁祸首——司机羊斟。面对这种戏剧性的场面，每个人的第一反应肯定是扑上去，把羊斟往死里揍，揍完后五马分尸，宋奸就该这样处置，否则，劳动人民能答应吗？

但华元不，你别忘了人家是贵族，他反而体谅地问："小羊，上次那事，是不是马不听指挥哇？"说完风趣地笑起来。碰到这么慈爱的领导，每个有良知的中国人，他的第一反应肯定是一把鼻涕一把泪，把那四匹无辜的战马骂个狗血淋头。但人家小羊不，别忘了人家也是贵族，他拍拍胸脯："才怪，就是我个人要搞你。大家都是贵族，尊严都懂，何必兜圈子。"说完，羊斟同志收拾收拾细软，含泪离开祖国，去鲁国申请政治避难了。

华元回国后，继续当领导，毕竟吃了败仗不全是他的错，出了宋奸嘛。这一天，宋国修筑城墙，华元去视察。工人们觉得这家伙还没脸没皮的，就唱歌道：

睅其目，皤其腹，弃甲而复。

真正的贵族华元

于思，于思，弃甲复来。

比较难懂，翻译一下，意思是：

　　瞪着牛眼腆猪肚，丢盔弃甲一路哭；
　　连鬓胡子满腮铺，弃甲丢盔逃回屋。

这是赤裸裸的人身攻击，谁没个生理缺陷？人家不就是缺乏锻炼，再加眼睛大点，肚子肥点，胡子密点吗？何必呢。饶是贵族，华元也按捺不住了，对保镖说："赶紧，给我引导一下舆论方向。"

那时的保镖也都是贵族出身，也可以出口成章，当即引吭唱道：

　　牛则有皮，犀兕尚多，弃甲则那。

意思是：

　　国内的牛，都长着皮哩。盔甲丢几幅，哪值得提哩？
　　森林里的犀兕，还老多老多哩。丢几幅盔甲，哪值得啰唆哩?

　　果然思维敏捷,还都蛮押韵。但华元有点啼笑皆非,保镖虽然有文化,理论修养却欠缺。人家笑你丢盔弃甲,你得争辩说,要长远看问题,这是政府下的一盘很大很大的棋;你却胡扯什么家里有的是钱,不在乎几副盔甲,这算什么呀?果然工人们再次哄笑,唱道:

　　从其有皮,丹漆若何?

　　意思是:

　　　　就算有用不完的牛皮,

　　　　那些丹呀漆呀,

　　　　还不是咱们纳税人出资?

　　气急败坏的华元终于恢复了贵族情怀,笑呵呵地对保镖说:"回去吧,他们嘴巴多,我们嘴巴少,说不过。"

　　保镖说:"那就让他们这么编派领导?"

　　"那你们说怎么办?"华元说。

　　保镖们起舞婆娑,唱道:

封他们的嘴巴，缴他们的械。

抓捕他们入狱，连坐他们爹。

上他们些刑具……

华元听不下去了，摆摆手打断他们，严肃地说："我们大宋是贵族国家，一向讲体面；这些个下三滥的事，怎么能做？全给我回去。"

这个故事告诉我们：尊严固然重要，但如果错在自身，适时的风度就等于尊严。我不得不痛苦地承认：虽然当过俘虏，但华元这竖子确实是真正的贵族。

◎ 牧马人凭什么不可以有春天

牧马人姓邓,单名一个"牵",冠上他浪漫的职业,那时的称呼是"圉人牵",工作是专门给领导养马。

他不仅职业浪漫,人也很浪漫,曾经做过一件超浪漫的事。把城门门板拆下来,抡圆了胳膊一扔,门板像张开翅膀,轻松飞上了稷门(鲁国的正南门),从此,他以孔武有力名闻鲁国。

但最浪漫的,还是他的爱情。

那是一个难忘的日子,他跟随主人,鲁庄公的太子子盘,去鲁国大夫梁氏家练习歌舞。那个歌舞叫《雩》,是专门设计来求雨的。在那里,他遇见了他的心上人,鲁国的公主,子盘的妹妹。这位美丽的女子没有在历史上留下名字,为了称述方便,且显得有原生态的活力，我们给她取了一个充满野性的名字——小花。

小花也是为了看歌舞而来的，她光彩照人，亭亭玉立，青春勃发。她无疑是那个时代的拳头产品，这个拳头，春雷般击中了圉人荦，圉人荦心中的爱情就此蛰苏。按说，我们应该给他配上一把西班牙吉他，让他躺在茵茵绿草中，为自己心爱的姑娘弹唱；与此同时，一顶宽檐的牛仔帽扔在一边，和他的马鞭依偎相拥，俊俏的白马在阳光下啃着青草，打着响鼻。一切都应该是这样。

但是没有吉他和牛仔帽，也没有白马和阳光。我们太悭吝了。圉人荦只好赤膊上阵，对小花挤眉弄眼，搔首弄姿，使出了挑逗怀春美少女的浑身解数。情欲的浪花正在他胸中嬉逐，突然被一声断喝打断："下贱的牧马奴，不要脸的东西，竟敢勾引公主？"接着马鞭劈头盖脸地抽下来，打得浪漫牛仔邓荦七荤八素，摸门不着。他只好求饶："公子，小人再也不敢了。小人这也是一时糊涂哇。"不得不说，公子子盘很煞风景，一件美好的情事，就这样以挑逗始，以血腥终。

鲁庄公阴沉的目光像镜头一样，摄下了这一切，他把子盘召来："你为什么抽人家邓荦，血都抽出来了。"

子盘说："他调戏妹妹，难道不该打——也许我下手重了点……"

鲁庄公直截了当："应该杀了他。你看他肌肉强壮的，能把城门的门板扔上稷门，对付你还不是小菜一碟？"

子盘轻松地说："他敢？我可是太子。"

鲁庄公想了想，儿子和邓荸的身份天差地远，觉得确实不至于："也好，打是亲，骂是爱，我们这也是为他好。"

没过多久，鲁庄公病了，找三弟叔牙来交代后事："我死之后，政权交给谁？"

叔牙说："我觉得二哥庆父挺有才的。"

鲁庄公不高兴，打发叔牙走人，又召来四弟季友："我死之后，政权交给谁？"

季友的话很好听："当然是您儿子子盘接班啦。"

鲁庄公蜡黄的脸焕发出最后一丝光彩："那，我就把子盘托付给你了。"

季友说："哥，您放心，咱们鲁国绝不搞兄终弟及那一套。"

鲁庄公放心地死了，子盘顺利即位。但子盘不知道，公子庆父也把他托付给了邓荸："小邓，子盘干涉你的自由恋爱，你恨不恨?"

邓荸那张脸上，眼珠黑白分明，目光刚毅："我恨。"

庆父继续煽动："他用皮鞭抽你，抽得你浑身是血，你恨不恨?"

邓荸哭了："肉痛倒没什么，最难受的是心痛啊。他打了我的脸，还拿走了我的爱情，不让我追求小花，我怎能不恨?"

庆父笑了，脑子简单的人确实容易冲动，但唯有这样，才好安排任务："那还等什么? 去，拿回你的尊严，找回你的小花——只要干掉子盘。"

围人荸攥紧两个醋钵大的拳头，瓮声瓮气地说："俺这就去。"他的第一人称都变了，这是杀人的先兆。庆父看着他的背影，简直乐开了怀。

靠着坚实的肌肉组织，围人荸轻松地干掉了公子子盘。之后，他猫着腰寻找自己的爱情，可惜还没有一点端倪，几根铁索已经套住了他，把他拖到了庆父面前："报告公子，刺杀公子子盘的凶手抓到了。"

围人荸看着庆父，惊愕了："是你叫我杀的，你还说，这样就可以找到我的小花。"

庆父开心地说："我叫你吃屎，你去不去？大家看哪，一个下贱的牧马人，也配爱公主小花？"

正是寒风凛冽的冬天，围人荤被拉到刑场，刽子手的刀要斩下来的时候，他突然问了一个重要的问题："凭什么，我们牧马人就不能有春天？"

这个问题看似简单，其实很深奥，我无法回答。我只能说，冬天已经到来，春天不会太远，但浪漫的牛仔围人荤确实不会再拥有它了。

牧马人凭什么不可以有春天

贵族不是想杀就杀的
——郑庄公对抗周天子

公元前 707 年，秋天，郑庄公正在自己家里生闷气，因为他最近跟老大——周王绝交了。突然邮局送来了消息："不好了，不好了，周天子带着蔡国、卫国、陈国来讨伐咱们啦。"

郑庄公只愕然了一小会儿，马上恢复了平静："天子，天子了不起呀？他还真把自己当根葱了。我们要自卫反击。"

这回要玩大的了，虽然现在的周王，没有三四百年前的周王那么肌肉发达，想扁谁就扁谁，但骨架子还在。像郑庄公这么玩的，差不多是破天荒头一回。

可郑庄公有自己的理由："我们大周的基本制度，是以周王为主，诸侯为辅的贵族专政，不是一个人说了算的君主专政。周王是老大，可我们也不是橡皮泥，任由他捏圆搓扁——我们也要话事权。"

周王当然更委屈，说是老大，只是嘴巴上叫得好听，光景早就一年不如一年了。说出来也不怕羞人，郑庄公从他老爹郑武公开始，就在周王朝世袭兼职国务总理（卿士），一兼就是几十年。那时的周王还是周平王，他有点烦了，为什么？怕尾大不掉啊。屁股一坐下，就不肯挪窝了，你当你是忍者神龟孵蛋呢？所以他偷偷把权力匀给虢公一点。谁知郑庄公耳聪目明，马上跑来质问："最近活儿有点少哇，是不是外包给谁了？"周平王懦弱又心虚："哪有的事！"矢口否认。郑庄公笑了："口说无凭，咱们交换人质，以表赤诚。"

按说郑国没资格跟周王交换人质，后世见过大臣和皇帝交换人质的吗？没有，但事情就这样发生了。之后不久，周平王挂了（估计是气的）。新即位的周桓王早看不惯郑庄公飞扬跋扈，决定光明正大聘请虢公，分割郑庄公的权力。郑庄公很不高兴，四月，指使手下祭仲收割了温县的麦子；秋天，又收割了成周附近的小米（都属周王的财产，在那时，这相当于交战）。周桓王非常痛苦，但知道自己没有教训郑庄公的实力，

贵族不是想杀就杀的

只能把仇恨深深埋在心里。

时间过得飞快，倏忽就过了十三年，其间郑庄公主动向周桓王示好，两家关系一度恢复正常，但周桓王并没有忘记屈辱，这年夏天，他下令正式辞退郑庄公，以虢公代之。

突然收到辞退信，郑庄公非常想不通，但也只能认，人家毕竟是老大呀，哪怕是名义上的。他含恨撤回了郑国驻京办事处，决定跟周断交，不再朝见——你做得出，我也就没有你这个老大，大家不来往，行了吧。

受到如此赤裸裸的蔑视，周桓王下不来台，只好腆着脸皮遍招诸侯，宣告伐郑。可怜他的面子真小，响应的蔡、卫、陈三个国家，还都是和郑国有宿怨的，根本不是真心帮忙。尤其重要的是，它们都是弱国，只能壮壮声势，实际出不了什么力。周桓王倒也没有挑三拣四，捡到篮子里都是菜，他带着这些个老弱病残，就踏上了征途——接着发生了本文开头那一幕。

双方在繻葛这个地方开始火并，郑兵以鱼丽之阵，先击破最弱的陈国。卫国和蔡国见势不妙，拔腿就逃。周王亲自率领的王卒顿时大乱，郑国勇士祝聃一箭射去，正中周桓王左肩。他准备挥师前进，将周军聚歼，被郑庄公及时制止："同志们，我们时时刻刻都要记住，一个贵族，做任何事都要适可而止。那个周王，虽然我现在不想搭理他，可他毕竟是老大。我们打这场仗，只是保家卫国。给他点教训就行了，千万不要丢掉贵族风范。"

手下情不自禁鼓起掌来，他们深深感觉到，做一个贵族有多么自豪。

贵族不是想杀就杀的

周襄王即位十四年后，听从大夫富辰的劝告，同意弟弟太叔带回国。

富辰是这么劝的："让太叔回国吧，老流亡在外，您面子上也不好看呀。"他还引用了《诗经》做理论依据："'协比其邻，婚姻孔云'，兄弟之间都你死我活，诸侯当然有样学样。要知道，您可是周天子，有以身作则的义务。"

本来周襄王想反驳："那郑庄公、齐桓公、晋文公，谁不是兄弟间杀得你死我活的，可人家都政绩不俗，名满天下。"被富辰这句话噎回去了，只好悻悻地辩解："不是我对不起弟弟，是他对不起我，十七年前，我那偏心的老妈就想扶他上位，幸好没来得及做成，就死了；十五年前，老爸死，我吓得丧都不敢发，向齐国求救，齐国通知鲁、宋、卫、许、曹、陈，在逃地开会，表示对我誓死拥戴，我才松一口气；十一年前，他竟然招来扬、拒、泉、皋、伊、洛六支蛮夷侵略军，向我猖狂进攻，要不是秦、晋发兵救援，我就成烈士了。那场战后，他畏罪潜逃到齐国，我也没要求引渡他回国受审，算仁至义尽了。你四处问问，哪个国家对汉奸有这么好？"

富辰笑笑，这人还真能说，权力斗争，他给上升到民族高度："我说大王呀，齐国人屡次来求您赦免他，您不能不卖这个面子啊。再说，您现在是天子，何妨大度一点。"

周襄王一想，齐国人的面子确实不能不卖，也就答应了。于是太叔带从齐国回来，兄弟俩抱头痛哭，言归于好，暂且不提。

两年后，滑国派人来拜见周襄王："大王，郑国想吞并我们，您给求个情吧。"

周襄王当即派伯服、游孙伯如两人出使郑国，希望郑国高抬贵手，结果郑文公早就因为周襄王偏心，心里不高兴，不但不给面子，反而扣押了两位使者："叫你们老大别多管闲事，还以为是西周呢？不是我们郑国为首的诸侯国，周，早就是个历史名词了。"

这个弟弟不省心

听到这个消息，周襄王气得发抖："太侮辱人了，狄人现在和我们好，我要向他们借兵讨伐郑国。"派出大夫颓叔、桃子两人去和狄人联络。双方一拍即合，大兵出发，一举攻占了郑国的栎邑。

怎么答谢狄人呢？四十几岁的周襄王不顾群臣的反对，决定吃一次亏，把狄国年轻貌美的公主隗氏娶了回家，立为王后（那真是男人的黄金时代）。但这时，太叔带这颗定时炸弹又爆炸了。

从齐国回来后，太叔带并没有洗心革面，重新做人，反而和隗氏，也就是大嫂暗通款曲。但这段不伦之恋很快曝光，周襄王当即把隗氏打入冷宫。"搞不到王位搞嫂子。"他骂道，"我怎么有他妈的这样一个弟弟。"不过他还真宽厚，仍旧没想对弟弟实行惩罚。

但那个"他妈的"弟弟可没想客气，他找来颓叔、桃子两人，说："当初把狄国公主引进的时候，你们是主力，现在废了狄后，你们不怕她娘家找你们算账？"

颓叔、桃子捋起袖子："我们正为这事发愁呢，要不干脆起义，赶走周襄王，拥立你当领导。"

说干就干，几个人纠集部属，带着狄人的部队，对周襄王发动了进攻。周襄王说："要是我杀了弟弟，死去的父母会怎么想？做天子，要给大家做榜样，是非曲直，让大家来评判。"下令停止抵抗，出奔坎欲。

太叔带穷寇猛追，继续进攻，周襄王一路撤到汜，派人向诸侯诉说委屈："不穀（自我谦称）没有德行，得罪了自己的亲弟弟，先母的宠子太叔带，如今暂住于汜，敢告各位叔父舅父（天子对同姓诸侯和异姓诸侯的称呼）。"

诸侯们感动得要命："多好的王啊，到这地步了，还认为是自己得罪了弟弟。这个事，我们不能不管。"

周襄王没有等太久，第二年春光骀荡，以晋国为首的多国部队出发勤王，半个月后，太叔带死在战俘营，周襄王重新回到王城。

这个故事似乎告诉我们，做一个天子，要以身作则，处处给诸侯做表率。但我不惮以最坏的恶意推测周襄王，我认为他盘算的是：亲手杀弟弟有可能失手，名声也不好听，不如让诸侯代劳。

喜欢鹤的贵族懂责任

卫懿公是个情趣很高雅的人，在别的诸侯贵族吃喝玩乐的时候，他在养鹤。考虑到吃喝玩乐是人的天性，卫懿公也不该例外，所以我们也可以这样理解：卫懿公是从吃喝玩乐的百忙之中，挤出时间来照顾鹤的，这点谁能做到？我感觉我周围的人，每当从吃喝玩乐中挤出一点时间，很快又埋下头，把那点有限的时间，重新投入到无限的吃喝玩乐当中去了。从这点来看，我们大家不一定比得上卫懿公。

不过，喜欢鹤，虽然是一件好事，但在一个人有能力纵容自己喜好的时候，好事就可能办成坏事。卫懿公兴致一上来，干脆下令："我这些个宝贝，从今以后，都要享受大夫一级的待遇。"

大夫一级是什么待遇？食有粱肉，出有轩车，居处有保镖，相当于现在的部长。换句话说，卫懿公等于给他心爱的鹤率先建了一个五星级的自然保护区，从环保来说，这个目光起码超前普通中国人两千多年。而我们知道，目光超前几十年，都不得了。两千年，那绝对要酿成大祸，于是，卫懿公的悲剧发生了。

那天，边境传来消息，赤翟王留吁对卫国发动了侵略。卫懿公赶忙召集国人，发放武器："同志们，赤翟帝国主义来入侵我们的祖国了，我们卫康叔的子孙，伟大的卫国人民，要团结起来，杀他们一个有来无回。"

什么卫康叔的子孙，人家大多是殷商的遗民，要是你对人家好一点，这点民族差异，人家也就忽略不计了。可你对人家好过没有？你给人家的地位还不如一只鹤。果然，人群中一个声音猛然响起："叫你的鹤去打仗吧，它们可都是部长啊，我们这些吃糠咽菜的家伙，哪里配？"

卫懿公大怒，正要问："谁说的，站出来，想做卫奸，就要敢作敢当。"谁知所有人都哄笑起来："叫你的鹤去打仗吧，它们可都是部长啊，我们这些吃糠咽菜的家伙，哪里配？"

动员大会就这样可耻地结束了。卫懿公回到家，

喜欢鹤的贵族懂责任

一言不发，找来贵族石祁子、宁庄子，给前者一块玉玦，后者一支箭矢，低沉着嗓音说："你们平常也和我的鹤一样，吃香喝辣，国家也有你们的一份，这个国，就拜托给你们了，当断则断，只要对国家好，不必请示我。"

两位贵族感动了："那您去哪儿？"

卫懿公目光坚定："去抵抗侵略。"

两位贵族不好意思，假装客气："您是国家元首，怎么能亲自去。您留下来，这事交给我们。"

卫懿公摇头："不，我要让他们知道，一个能喜欢鹤的国君，懂得什么叫责任。"

接着，卫懿公亲自出征了，在荧泽和赤翟军相遇。平心而论，卫懿公指挥得不错，卫军兵甲鲜明，前锋后卫，阵势有序，但究竟因为军费被鹤吃掉得太多，经不起赤翟军队的冲击，轰然溃散。有人劝卫懿公："您的旗帜太显眼了，赶紧收起来，化装成平民逃命吧。"

但卫懿公拒绝了："不，我要让他们知道，一个能喜欢鹤的国君，懂得什么叫责任。"

他的马车很快被赤翟军围住，短兵相接中，这位高雅的国君壮烈殉国。如果拍一部电影，可以用慢镜头：在悲怆的琴瑟声中，卫懿公怅然倒下，目光所处，千只鹤齐飞。如果上天给他时间，把这些悲情写出来，或许有机会得诺贝尔文学奖了，那川端康成同志就没戏了。

但赤翟不但没有给卫懿公创作的机会，反而尽显游牧民族的野蛮本色，他们像丧尸一样拥上，将卫懿公开膛破肚，吃个一干二净，最后只剩一块肝，不知怎么回事，没人感兴趣，被扔在一旁。这块孤独的肝静静地躺在战场上，它要等待一个人，他的名字叫弘演。

弘演之前奉卫懿公之命出使别国，回来只能在战场上向那块肝述职，他哭天抢地："老大，只剩一块肝了，我不能让它老无所依呀。我要让他们知道，一个能喜欢鹤的国君，臣子也懂得什么叫责任。"他咔嚓一刀，给自己开了膛，又忍着疼痛，把那块肝塞进了自己的肚子，死了。

后面的这节很残忍，应该属于少儿不宜。但传统文化的故事，往往要的就是这种效果。据说这事被齐桓公听去了，他感叹地说："一个能喜欢鹤的国君，确实不简单，君臣都很有责任心。我得帮帮他的祖国。"于是发兵抵抗赤翟，帮助卫国遗民，在楚丘重新建立

喜欢鹤的贵族懂责任

了卫国。

　　这个故事告诉我们——其实，我也不知道这个故事告诉了我们什么。我只是觉得，喜欢鹤的卫懿公开头确实做得不怎么样，但后面还行，至少祸患来的时候，他没有带着鹤独自移民，而是亲自上阵，堂堂正正去保卫祖国了。所以我还是硬着头皮归纳一下：一个能喜欢鹤的国君，貌似不算太差。

❀ 我出兵可不仅为了抓重婚犯

　　齐桓公有很多老婆，她们来自众多诸侯国，简直可以组成国际联盟。有周朝中央的，有徐国的，有蔡国的，这三个是正式的大老婆；其他小老婆，卫国的，郑国的，葛国的，密国的，宋国的，不一而足。所以，在八小时之外，他很忙。

　　这天，他和大老婆蔡姬去划船，蔡姬算南方人，大概自小就是游泳好手。她站在船头上，两腿一叉，就荡起舟来。吓得齐桓公大叫："宝贝，别闹了，我晕船。"蔡姬正在兴头上，不管，继续荡。满以为是夫妻打闹，没多大事，谁知一上岸，见齐桓公脸色发青："来人，给她收拾行李，送回蔡国。"

　　蔡姬一肚子气地回到娘家，汇报了事情始末，顿时群情愤慨："什么人哪，也太蛮横了。俗话说，床头打架床尾和,这还不算打架呢。荡个舟什么的,多增加夫妻情趣呀。这齐桓公,怎么就这么没劲呢?"

"那个糟老头子,没文化,没修养。枯燥,乏味。"蔡姬哭着给这段不美满的婚姻下了结论。

娘家人商量:"我们家姑娘还年轻,花容月貌的,难道就这样过一辈子,干脆再嫁了得了。"

蔡姬有点担心:"我确实不想跟那个老头过日子,脾气还这么坏。不过,他赶我的时候,没给我写休书哇。再嫁,会不会犯重婚罪?"

娘家人安慰她:"他老婆那么多,人又那么老,估计很快就忘记有你这么个人了。你总不能守一辈子活寡。"

蔡姬哼了一声:"就算在齐国,我何尝不是守活寡,他大老婆小老婆一大堆,几时轮得上我?何况他这个年纪……"

座上还有未成年人,娘家人有点难为情,打断她:"这事就别在这儿说了……人来世上一遭,不是为了受罪的,我们家姑娘,有权追求自己的幸福,哦,不,性福。就这么定了,再嫁。"

好歹是公主,还愁嫁?很快蔡姬披上盖头,再次做了新娘。但是,齐桓公并没有真的老糊涂,他很快就想起了蔡姬，一打听，竟然重婚了，气得要命："这是犯法，他们知道吗？好，你是蔡国的公主，蔡国的法律姑息养奸，可我不会。"他马上给宋、陈、卫、郑、许、曹六国发了飞帖，要以联盟的名义，发动对蔡的战争。

蔡国当家的叫蔡穆侯，是蔡姬的哥哥，听说大兵压境，又惊又恨："娘希匹，一桩重婚案，算多大个鸟事？还出动军队。这是滥用联盟资源，是权力失控，请问，谁来监督齐桓公？"

当然，他只敢躲在屋里说，出了门，立即宣布投降。蔡姬回到了前夫身边，对这个莫名其妙的二婚头老婆，齐桓公有没有心存芥蒂，史书上没记，我不敢乱说。

事实上齐桓公这时也有点不好意思，的确，多大个事呀，竟出动坦克。齐国虽然强大，自己虽然是响当当的盟主，没人敢当面质疑，但管得住人家背地里议论吗？他号称明君，要脸，觉得有必要开个会，统一下思想，大会报告是这么说的：

　　　　同志们，盟友们，大家好：
　　　　大家可能都以为，我齐桓公为所欲为，为了

我出兵可不仅为了抓重婚犯

桩重婚案，竟发动战争，这是个误会。其实我一直在下一盘很大很大的棋。这次出兵，真正的目标是楚国。大家都知道，楚国这个蛮夷国家最近不安分，老跑到我们中原捣乱，我一直想教训他们一顿，可是我隔得远，走个两月到这儿，他们早做好准备啦。所以，我心生一计，故意把蔡姬赶回家，故意让她重婚，然后打着抓重婚的旗号出兵，这才能迷惑楚国，现在大家看到了，楚国近在咫尺，它才是我的目标。

诸侯们都被盟主的深谋远虑惊呆了，连一朵花掉在地上都听得见，好一会儿才爆发出雷鸣般的掌声。

🔹 身体是保命的本钱

　　在执掌晋国政权前，晋文公重耳曾经身体力行，书写了一曲励志的华章。他带着狐偃、赵衰、颠颉、魏犨、胥臣五个铁杆粉丝，周游列国，寻找风险投资，资助自己回国篡位。

　　这一天，到达曹国。毕竟是晋国公子，曹共公很礼貌地接待了他，安排到国宾馆住下。华灯初上，重耳在浴室快乐地洗澡，突然发现一双探索的眼睛在端详自己，还是个男人。他吓得大叫起来："谁呀，这么变态。"

　　窥视者嘘了一声："别嚷，我是曹共公。听说您的肋骨不是一根一根的，而是一整块连着的。寡人很好奇。寡人自小热爱科学考察，收集了很多标本。您也知道，大家都是贵族，要讲究礼貌，除了偷看，不可能让您公然展示。"

礼貌？礼你妈的貌。偷看别人洗澡，难道就礼貌了？重耳想这么骂，可在人家的土地上，不能惹来杀身之祸："哦，是这样，科学观察还是有必要的，呵呵呵……"他不咸不淡地笑笑，这事就算过去了。

谁知没有不透风的墙，第二天一早，曹国街头报童就扯着嗓子吆喝："头版新闻啦，晋国公子重耳一身联排肋骨，已经被我国君科学观测证实。"

在曹国大夫僖负羁府邸，一个妇女将报纸扔到地上，大骂："这都什么事呀，有辱国格呀。"她对僖负羁说："老公，重耳这个人水平怎样，我不敢说，但他身边五个粉丝，质量都很高。粉丝的质量，决定被粉者的水平。我认为，重耳不是池中之物，早晚会回到晋国掌权。将来发兵报仇，第一个就是咱们曹国，您还是先想条退路吧。"

僖负羁点头："不过，作为中央官员，私交外国人，是违法的。"

老婆说："谁要你光明正大干了。"

僖负羁懂了，派人偷偷给重耳送了一个套餐，一块玉璧。重耳很感动："这是个好人，我一定不能忘。"

几年后，在秦国的帮助下，重耳成了晋文公，为了政绩，想和楚国争霸。而曹国是楚国的小弟，晋国乐得拿它开刀，于是出兵伐曹。经过两个月的艰苦战斗，阳春三月，晋国军队进入了曹国。曹共公被带过来，晋文公讥笑道："您不是想观测我的裸体吗？现在给您送上门啦。"曹共公脖子一梗："我说那啥，文公兄弟，您打仗赢了就赢了，何必说风凉话，多挤兑人啊。这可不像个贵族。"

晋文公脸红了："这倒是。不过下面我要宣布一个很贵族的命令：士兵可以烧杀抢掠，但是，僖负羁家里，谁也不许侵犯，我要报恩。"

命令传到魏犨和颠颉耳朵里，他们生气了："报什么恩？当年我们两个跟着你颠沛流离，你论功行赏了吗？那些高官肥差，哪样有我们的份儿。"他们越想越气，一把火就把僖负羁家给烧了。大概遭到了一些抵抗，在这次纵火行动中，魏犨英勇负伤，伤口在胸部。

晋文公一听大怒："我还算领导吗？下个命令竟然被下属当成屁。"决定抓捕魏犨和颠颉，判处死刑，以肃法纪。但是转念一想：魏犨是贴身保镖，力气很大，杀了有点可惜。于是吩咐使者："去，看看魏犨伤得咋样。"

听见领导派人慰问，魏犨知道不妙，他轻描淡写

身体是保命的本钱

地说："托领导的洪福，就是点皮外伤。"当然，他也明白口说无凭，忍着伤痛，他相继表演了两种体育项目：跳高和跳远。成绩都还不错。使者回去报告："领导，魏犨的伤不重，我测量了一下，他的跳高和跳远成绩，比巅峰时差不了多少。"

晋文公喃喃道："看来只好单杀颠颉了。"

这个故事告诉我们：做领导的贴身下属，一定要把身体练好。身体并不是革命的本钱，强壮的身体，才是革命的本钱。

🌑 对神吝啬是很危险的

　　楚国令尹（国务院总理）子玉擅长打仗，这天，他率领楚国的西广、东宫和若敖之族三支军队，决定和晋国会战。这是春秋时期两个超级大国的第一次会战，具有重大意义。战争的起因，是为了宋国人民的利益，呃，我的意思是，谁赢了，谁就可以把宋国变成自己的保护国。

　　在会战前，楚国总理子玉做了一个梦，梦见黄河之神向他讨一样东西："总理先生，你的琼弁玉缨（装饰有琼玉的帽子）实在太漂亮了，送给我吧。我一个神仙，也不白要你的，回赠你一块地，孟诸之湄，怎么样？"

　　读过《尚书》的人都知道，孟诸泽是中国有名的大湿地，在今河南商丘和虞城一带，靠近宋国的老巢。

也就是说，子玉只要舍得献出新帽子，和晋国的战争就铁定赢了，有河伯帮忙呢。

但是子玉同志拒绝了："河伯先生，对不起，自古以来，我们都是靠自己的双手去创造幸福，这次也不例外。走后门，很不贵族。"

第二天，这个梦大家都知道了。子玉的儿子大心和族人子西觉得不妙，又不敢多嘴，求荣黄去劝："虽然说应该自力更生，但是，也不要得罪神啊。您地位高，帮我们劝劝总理。"

荣黄答应了，见了子玉，说："为了祖国的利益，就是献出生命，也在所不惜，何况一顶新帽子？总理，您就依了河伯吧。"

子玉不高兴："什么新帽子，上面嵌着大块的玉石呢。"

荣黄说："和祖国相比，再好的玉石也是粪土。祖国，是至高无上的。"

子玉一伸手臂："不献帽子，我照样为祖国打胜仗，河伯，能把我的祖国怎么样？"

荣黄出去，对大心和子西说："总理原来是唯物主义者，不信神不怕鬼，不仰望星空。我是拿他没辙了，看河伯怎么办吧。我个人觉得，总理要败，他对老百姓不怎么好。"

大心和子西纠正他："好像只是对神不大好。"

荣黄说："政府主持祭神，主要是骗老百姓，图个心理安慰。可总理连骗都不肯骗，这是对老百姓好吗？"

公元前632年，两个超级大国带着各自的盟国和仆从国在城濮会师，楚国方面，仆从国是陈国和蔡国；晋国方面，盟国有秦国、齐国，仆从国有宋国。子玉还真会打仗，首先背依险阻，扎下了阵营，搞得晋文公有些怕，在手下的极力安慰下，才摄住心神，他爬上有莘氏之丘观战，看见自己密密麻麻的兵车，足有七百辆之多，再望望楚国阵营，才两三百辆，他放心了："听说楚成王怕跟我硬碰，没给子玉全部兵力，看来是真的。"

晋国军队分为上中下三军，楚国军队分为左中右三军。楚国的右军很薄弱，来自仆从国陈、蔡，本来就没什么斗志。遭到晋国下军的抢先冲击，一下子就垮了，士兵像溃堤的蚂蚁一样乱跑。楚国的左军赶紧上前帮忙，晋国的下军统帅栾枝则假装逃跑，楚左军追击，却被晋国的上军和中军夹攻，大败。子玉在中军观战，见势不妙，赶紧鸣金，但一百多辆装甲兵车

对神吝啬是很危险的

已经成了晋国人的战利品。

那边晋国喜气洋洋凯旋，把周襄王也请来了，向他献礼。子玉则垂头丧气，想自杀，被下属劝住了："总理，胜败乃兵家常事，大王还得依靠您报仇呢。"

子玉一想也是，没多久，等到了楚王的一封信："子玉同志，战事情况，我听说了。您如果回国，对得起军中烈属吗？"

子玉把信恭恭敬敬折好，自杀了。

《左传》的作者给我们讲这个故事，似乎是想告诫我们，对神否啬，是很危险的。不过我悟出的道理不同，我觉得，《左传》是一本很深奥的史书，但也是一本很八卦的史书，因为这个故事就非常八卦。

郑申侯，并不是诸侯，只是楚文王身边的一个宠臣。因为外公家在申国，所以名字中带个申。又因为后来移民郑国，所以冠名郑。

楚文王在世的时候，对申侯特别宠爱，临终前嘱咐他："小申啊，你不是一个好人，太贪，惹得大家厌恶。可是，你也不是没有优点啊，比如阿谀奉承，就没人比得上你。不管我心情多糟，你总能把我拍得舒舒服服，换别人就不行。所以，你贪不贪，我不在乎。咱们楚国这么大，让你贪点它就会垮？没那事。可惜，我就要死了，别人不懂你，很难办。我呀，想好了，等我一闭眼，你赶紧移民。看我的面子，诸侯对你也不会慢待。不过千万记住，别去小国。"还赐给申侯一块玉璧，"到了新国家，见到国君，拿这个当见面礼。"

申侯移民了，但没有选择晋国、齐国，或者秦国，他选择的是郑国，献上玉璧，郑厉公很高兴，封他为大夫，靠着固有的特长，很快他又成了郑厉公的宠臣，就算技术移民，得分也不会低。

很快就过了九年，齐桓公以霸主的身份率领宋、陈、卫、郑、许、曹多国军队攻蔡，因为蔡国太荒唐，竟然把他赶回娘家的老婆嫁给了别人。蔡国当然很快投降，齐桓公决定顺势攻楚，逼得楚国签订了和约，一大帮人才准备各回各国。

陈国大夫辕涛涂偷偷跟郑申侯说："这帮兵哥，仗没打，吃喝花费却不少。来的一路上，都是咱们这些个小国接待，财政收入都花光了。这一凯旋，又得把我们吃一遍，简直是蝗虫。不如我们劝桓公向东进发，沿海北上，就吃不着咱们了。"

申侯竖起大拇指："你真是个爱国者，佩服佩服。我支持你，不能让齐国大兵白吃咱们的。"

辕涛涂去劝齐桓公："楚国老实了，东边的一些个诸侯还不知您的威风，咋办？"

桓公懂了："去东边展示一下我的武力，如你所说，完全有必要。"

辕涛涂前脚走，申侯后脚进来了："我的盟主耶，不能走东边啊。您的军队出来这么久了，累得不行，东边那条道还没开发，碰上野蛮人怎么办？况且那些地方，都是原始森林，您吃不好喝不好，怎么办？走咱们陈国和郑国，就不同了。咱们毕竟算发达地区，物质粮食供应都没的说。"

齐桓公感叹："怪不得楚文王、郑厉公都那么喜欢你，我以前不懂，现在明白了。"又骂道："妈的辕涛涂，耍老子玩呢？看我不找你算账。"

在齐国大兵的压力下，辕涛涂挨了领导处分，打听到是申侯捣的鬼，气得不行："申侯这个王八蛋，见人说人话，见鬼打浪话，你等着瞧。"

申侯呢，因为关心盟主，得到了一块大采邑——虎牢。当然那不是齐桓公从自家腰包里掏出来的，而是逼迫郑文公赐给申侯的。

这一天，辕涛涂找到申侯，乐呵呵地说："你这个虎牢哇，太壮观了。就是有点美中不足。"

申侯大概还不知道辕涛涂恨他，真诚地问："哪点不足？"

辕涛涂说："没有城墙。这么好的地方，没城墙，别人抢去了怎么办？这是盟主赐给你的，你可以借盟主的名义，邀请诸侯帮忙建城墙。到时刻上你的大名，传给子孙，岂不美哉？你要是不弃，这事我帮你办。"

申侯大喜："你真是太好了。"

城很快就建好了，高大巍峨，申侯心花怒放。辕涛涂转身去找郑文公："申侯造那么大的城，这是跟您较劲，怕是要反叛啊。"

郑文公不动声色地笑笑："让他嘚瑟一阵。"

秋天来了，盟主来了命令，要开会商量，帮助周惠王的太子，后来的周襄王巩固储君之位。周惠王听了气愤难平，他早想废掉太子，改立爱子姬带。但齐国是盟主，惹不起，于是偷偷派人对郑文公说："盟会别参加了，我帮你联络楚国、晋国，让他们罩着你，齐国能拿你怎么样。"

郑文公曾经得罪过齐国，二十二年前，齐国充老大，要郑国国君去朝见。郑国没答应，只派了部长郑詹去，结果被扣留。本来早就不满齐国作威作福，听周老大肯为自己出头，郑文公当即从会场溜出来，收拾好行李就跑回了国。

齐桓公发现郑文公不见了，气得要命："太不像话了，无组织，无纪律，根本不把我这个盟主放在眼里。"发兵攻郑。

群臣问郑文公："领导，咋办？这可是您的不对呀，会务费都交了，何必跑回来呢？"

郑文公奸笑道："我早想好了。"他望着郑申侯："就是你这个奸细，鼓动我逃会，对不起，今天只好借你的头用用。"

申侯大惊："冤枉啊，我可没劝您逃会呀。"

郑文公道："可是你是楚国人，说你是奸细，齐国人相信。"

刑场上，郑文公问申侯："最近我国刑法制度改革，对死刑犯人道一点，临终前，你有什么遗言吗？"

申侯叹了一口气："当年我的老领导楚文王对我临终遗言，说移民小国家很危险，我后悔没有听他的。"

郑文公脸红了："我们小国家怎么了，少了你吃，还是少了你喝？郑国老百姓养你这么多年，算是都喂了狗，你个白眼狼……"

申侯鄙夷地看了郑文公一眼："瞧你那自卑样，被我说中了不是。其实我也是现在才明白的，小国的国君可怜啊，大国一来，就得赶紧上前舔卵袋，呵卵脬。自身难保，怎么能保得住我呢？被你出卖，一点都不奇怪。都怪我自己蠢……"

他的话没说完，头掉了。郑文公悻悻地说："早知道他看问题这么犀利，就不该问他。"

移民小国很危险

背叛领导的底线

听说自己的老爹被楚平王杀了，楚国高干子弟伍子胥逃到郑国，又逃到吴国，最后带着吴国军队攻入了祖国的首都郢。可惜楚平王已经死了，伍子胥只好把他的尸体掘出来，狠狠抽了三百鞭子，这才消气。

这就是"楚奸"伍子胥的光辉岁月，司马迁曾大加赞赏。但按照网上某些"爱国青年"的观点，伍子胥可谓罪大恶极，你是楚国人，楚王杀了你老爹，你该谢恩才对；什么，楚王连你也要杀，那——似乎也只好让他杀，总之不能背叛领袖，背叛民族，丧失气节。就算你贪生怕死，实在要逃，也不能当带路党，这是做人的底线。但你岂止是带路，你是亲自指挥外国军队来进攻祖国，你还算是人吗？

看来，伍子胥应该在"春秋坏蛋排行榜"上排第一，但他本人肯定不答应，他会这么说："楚平王杀了我老爹，我还当他是领袖，我有病啊？什么屁底线，报仇才是我的底线。"

我认为伍子胥的辩解有道理，春秋不比现在，那时的贵族有自己的人生观、世界观，伍子胥做的事，根本就不算什么，至少郑国贵族公子宋会这么认为。

公元前 605 年，楚国送给郑灵公一只大王八（鼋），那是道稀罕菜。当时郑灵公召见公子宋和公子归生，两人正要觐见，公子宋的食指突然颤动了一下，他喜滋滋对归生说："往常我食指动，一定有好东西吃，这回也不会例外。"进去后，果然看见厨师在切大王八，于是两人相视而笑。郑灵公问："鬼鬼祟祟的，笑什么？"归生把情况说了一遍。这郑灵公也不知发什么神经，等大王八煮好后，把贵族们都招来共享，却一口汤也不给公子宋。好歹是贵族，岂堪如此受辱？公子宋怒了，决定自力更生，他三步并作两步，跑到大鼎前，手指伸进去蘸了一下，塞进嘴巴里吸吮，算是示威，然后给了郑灵公一个背影，扬长而去。郑灵公气得够呛，想捉弄公子宋，反而被他搞得下不来台，当即声言将杀之。公子宋听到消息，一不做二不休，干脆率领家兵，抢先把郑灵公给弑了。

看起来，公子宋比伍子胥坏多了，为了几块王八肉，就敢杀害首长，可谓穷凶极恶，"春秋坏蛋排行榜"第一的位置非他莫属。但若他知道这个排名，也不会服气："别开玩笑了，什么为了几块王八肉，那是为了尊严好不好。当然，跟你们这些土包子说尊严，是对牛弹琴，只有宋国的羊斟兄能理解我。"

羊斟，又名叔牂，男，宋国籍，生卒年不详。案件发生时，他是宋国执政华元的司机。时当公元前607年，郑国公子归生率兵讨伐宋国，华元作为主帅出战，战前，他吩咐杀羊犒劳将士，可羊斟除闻了一肺的羊膻味，一滴羊肉汁也没捞着。这也太欺负人了，大小是个贵族哇，羊斟把仇恨深深地埋在心里。第二天两军对阵，羊斟狞笑着对华元说："昨日分羊肉，你做主；今天上战场，该我说了算啦。"猛踩油门，一溜烟驰入郑国战阵，华元措手不及，被郑军俘虏，宋军大败。

公子宋的委屈显然是道理的，作为一个贵族，他什么没吃过？但最后闹到背叛领导，肯定不是几块羊肉的问题，而是人格尊严问题。因此，谨在此给这些"坏蛋"的人生观做个概括：

当尊严遭到忽视时，领导是用来背叛的；

当尊严遭到践踏时，领导则是用来杀的。

我们大周是个法治社会

鲁僖公二十八年（公元前 632 年），一伙警察闯进了卫国宫殿，对卫成公说："我们是晋文公派来的国际刑警，你涉嫌和一桩谋杀案有关，请跟我们回去接受调查。必要时，还需接受洛邑最高法院的审判。"

卫成公很平静地说："有没有搞错，我大小也是一国诸侯，响当当的公侯级贵族，在没有确切定罪之前，谁敢让我出庭？"

国际刑警不好意思："原来您懂法律。好吧，我们大周是个法治社会，作为一国之君，您可以不亲自出庭，但是，您必须派人代替您出庭。"

卫成公说："知道了。"

镜头转到周王都城洛邑，最高法院，法官高坐。原告元咺首先发言："法官大人，卫成公虽然是我的老领导，却太残忍了。当初一意孤行投靠楚国，后来得知我们伟大的晋文公在城濮大破楚师，吓得流亡陈国。临走前，吩咐我辅助他弟弟叔武暂时摄政，我们任劳任怨治理国家，百忙之中还派人向晋文公求情，希望文公允许他回国。他却听信叔武要篡位的流言，在流亡地杀了我的儿子阿角，我心里虽然难过，想着他毕竟是领导，也不好说什么。谁知他回国第一天，还没下马车，又让公子歂犬射杀了自己的亲弟弟叔武……"

卫成公的答辩人士荣反驳："法官大人，这是不折不扣的污蔑，杀叔武是个误会，是歂犬擅自干的，歂犬以为是刺客。我们领导当时很悲伤，还哭了，并立刻杀了公子歂犬为叔武报仇。"

元咺激动道："法官大人，他这是猫哭耗子假慈悲。叔武当时正在洗头，听到哥哥的马车声，高兴得不得了，连水都没来得及晾干，捉着头发就出来迎接。谁能料到，他亲爱的哥哥回赠他的，是一支疾飞的羽箭啊。"

士荣再次反驳："法官大人，这是误会，要是卫成公真有杀弟之心，何不连元咺也一起杀了？"

元咺道："法官大人，他难道不想，只是在下跑得快而已。"

宁武子开口了:"法官大人,在下控告元咺污蔑领导,犯上作乱。元咺乃是因为自己儿子被领导正法,怀恨在心。"

元咺道:"这是诛心之论,我反对。"

晋文公看了法官一眼,法官会意:"宁武子,反对有效。就事论事,别扯远了。"

宁武子黯然:"那我没什么可说了。我只能说,这真是一场误会,苍天可鉴。"

元咺还哭:"法官大人,我亲眼看见可怜的叔武缓缓倒下,头发湿漉漉地摊在地上,鲜血平静地铺开,和发梢上的水渍混为一片,你中有我,我中有你……"

座上的人都感动了,法官觉得时机已到:"既然如此,本庭现在宣判,卫成公谋杀亲弟叔武,一级谋杀罪罪名成立,立即抓捕卫成公。判决其答辩人士荣死刑,代理人鍼庄子刖刑,宁武子为人忠诚,法庭特予免除处罚。"

士荣声嘶力竭地号叫:"就算是一级谋杀,又怎么样?这是我们卫国的内政,你们有什么资格干涉?"

晋文公怒了:"什么内政?打着内政的幌子,就可以杀人?有我这个霸主在,你们别想关起门胡作非为。带下去。"

我们大周是个法治社会

卫成公很快被押到了京师，晋文公本来想立刻将其正法，因为周襄王求情，没好下手，只好暂时扔进牢房。冬去春来，很快就过了两年。晋文公再次想起了这事，对医工衍说："那件事该处理了。鉴于他毕竟是卫侯，我们可以人道一些，采用药物灌注。"

宁武子听到了这个消息，提着厚礼就登门了："老衍，求求你，救我领导一命。"

医工衍说："那怎么行，我不能徇私枉法呀。"但是他的眼睛没有离开那包礼物。

宁武子说："要是砍头，我也就不求你了。可我听说这次采用药物灌注，您只要把毒药剂量放轻一点，让我的领导昏迷，到时我收尸，谁也发现不了。"

医工衍说："看上天保不保佑他老人家吧。"

宁武子心领神会，留下礼物走了。

这天，晋文公收到了周襄王的一封信，还有一个袋子，袋子里装了二十块玉璧。信上说："晋文公您好：听说您给卫成公采用了药物灌注死刑，但是没成功。这件事值得我们深思，也许卫成公的确是冤枉的，我们不能放过一个坏人，但也绝不能错杀一个好人。况且，就算卫成公有罪，也已经受过一次死刑，一个人不能为一个罪受两次惩罚，我建议，本着罚疑从去的原则，放了卫成公。请您三思。周襄王亲笔。"

这个故事告诉我们，药物死刑，在中国源远流长，只不过现在用针管，那时直接灌注。当然，这个故事最深刻的还是：只要你有钱，你就可以要求减少剂量，或许能得到首肯。

我们大周是个法治社会

这回我们从另一角度分析卫成公药物死刑案件。

上次说过，卫成公刚被抓到成周，晋文公就想将他正法，但被周襄王劝住了。周襄王说："普天之下，哪有领导和下属打官司的道理？元咺是卫成公的臣子，卫成公就算有一万个错，他元咺也只能认命。把委屈咽下去吧，就当咽一根烂泡菜。我承认，元咺是站在正义的一方，可为了国家利益，只能把他牺牲了。"

晋文公一听傻眼了，虽然自己也知道，只要当上领导，就永远是对的，但也不好这么一丝不挂地说出来呀。嗯，周襄王肯定是心怀鬼胎，面对王室日渐衰弱的现实，他无非想强调一点：无论何时，无论何地，都不能忘记上下尊卑，我可是周王哦。

想到这儿，晋文公心情不悦，但自己刚做霸主，打的还是尊王的旗帜，前不久又得到王室册封，陡然翻脸也不好，于是说："领导，那这样吧，既然无关法律，咱就不上法院重审了。让卫成公同志劳教两年，磨炼一下，这也是对他的人生负责。出来后，他就知道，怎么当一个贤良的君主。"

周襄王当然不愿意，但直接说放人，也说不出口。他知道自己的意图太招摇，再坏的君主，正义两个字至少要挂在嘴边的呀。晋文公不杀卫成公，算是给了自己一个大面子，咱也别得寸进尺了。

接下来的事，我们上次也提到，晋文公越想越不忿，两年之后，还是命令医生阿衍给卫成公下药："记住，刚才所谓要人道一些，采用药物死刑，这只是内部说说。我们的新闻通稿是：卫成公同志昨夜梦中安详辞世，法医解剖认为其饮水过量。"

阿衍医生说："放心，您先让人准备好新闻通稿就是了。"

事情也正如我们上篇讲的，看到卫成公派人送来的璀璨珠宝，阿衍忽然忆起了医生治病救人的天职，果断减少了药量，卫成公只是肚子痛了几个钟头，又恢复了健康。

晋文公把阿衍叫去："这怎么回事？报纸都付印

不能秘密处死犯人

了，你给我来这套？来人，拉下去砍了。"

阿衍视死如归："领导，请容小的说句话再死。"

晋文公见他不怕死，也有点迷惑："给你两分钟。"

阿衍口若悬河："领导，本来小人是想遵照您指示的，但不巧前天一个犯人在公立监狱躲猫猫而亡。老百姓都不信，都说死于狱吏殴打。倘若在这个关头，让卫成公喝水死，舆论会怎么说您呢？您好歹是个霸主，地位蛮高，还要搞暗杀，简直混同于黑社会老大呀。"

晋文公有点烦躁："我也想光明正大杀了那竖子，怎奈周襄王那竖子作梗……"

阿衍道："小人想到了这层，所以这次下药轻，只让他肚子痛一阵。将来有机会再动手，就可以说根据狱医记录，他早有严重的肠胃病……"

晋文公转怒为喜："也好，两年都等了，也不急在这一刻……我就不信弄不死他。"

没几天，晋文公接见了鲁国的使者。使者开门见山，送上二十块上好玉璧："这是我们国君的心意，就是想为卫成公求情。外面的人都说，您想让卫成公在劳教农场喝药死，这可有损您的声誉，要知道，你是周王刚刚册封的伟大霸主，杀一个人，用得着来暗的吗？请您三思。"

晋文公脸上挂不住："我独立的人格，竟如此不被人理解。请放心，我会好好管理监狱，绝不让一个人死得不明不白。"

这年秋天，晋文公找来阿衍："前不久又接到周襄王的信，还是为卫成公求情。我想了大半年，算了，别杀他了，但是，怎么找个台阶下呢？"

阿衍说："好办，立刻宣布，鉴于卫成公有肠胃疾病，半年前发作时，就和死亡擦肩而过。现在政府决定，实行人道主义，准其保外就医，放归祖国。"

邾文公死的时候，没有嫡子。作为贵族，他有很多小老婆，但是，只有两个是常务的。为什么呢？因为这俩来头都很大。年纪大的那个称大妃，叫齐姜；年纪小的那个称次妃，叫晋姬。从名字可以看出来，她们的娘家分别是齐国和晋国，都是大国，不好惹。

既然没有嫡子，邾国人就按照先来后到的原则，立了齐姜的儿子貜且为国君。但晋姬的儿子接菑不干了，他跑到了母亲的娘家晋国，寻求帮助。

晋国政治局常委、中军帅、执政卿赵盾亲切接见了接菑："你是晋国的外孙，我作为晋国人民的总理，对这件事一定不会坐视不管。"

各同盟国很快接到了盟主晋国的文书，在新城聚会。六月，在明媚的夏日骄阳下，大会胜利召开，到会的盟国有鲁、宋、陈、卫、郑、许、曹，当然还有盟主晋，一共八国。大会统一了思想，决定继续对付楚国，往日首鼠两端，一直在晋、楚之间摇摆的三个国家，陈国、宋国、郑国，都在会上做了沉痛而深刻的检讨，表示从今以后，一定端正态度，坚决站到正义的一边，紧密团结在以晋国为首的联盟领导下，为保护中原的礼乐文明而奋斗。

大会讨论的最后一个议题是：武装护送邾国公子接菑回国，推翻篡权的伪国君貜且。议题最后全票通过，大会在热烈的掌声中结束。

七月，晋国总理赵盾亲自率领盟军向东进发，这是一支有着八百乘兵车的大军，沿途过处，车轮轰轰，如同响雷；灰尘蔽天，旌旗若隐若现。所有人都相信，蕞尔邾国，除了望风归降，没有别的出路。

但是大兵到了邾国郊外，没有接到任何请求投降的信息。赵盾有点失落，正要下令进攻，邾国使者就到了，他送来了邾国政府的抗议声明，说要面呈赵盾。赵盾轻蔑地接过，决定扫两眼，就扔进历史的垃圾堆，但是他的目光好像两只被胶水黏住的苍蝇，一下都没眨。抗议书是这么写的：

战无不胜的晋国总理、盟军总司令赵盾阁下，

您好：

听说您想强行扶植接菑回国夺权，我们认为，这很不妥当。虽然接菑和我们现任领导貜且都不是嫡子。但是貜且年长，按照宗法制度，立君立长，貜且是无可争议的第一继承人。假如您仗着兵多，强行扶立接菑，我们打不过，只能屈服。但作为霸主，本应替天行道，您却倒行逆施，只怕有损晋国威望吧，怎么向天下人民交代呢？况且，我们现任领导貜且的外公家是齐国，虽然它块头不如你们大，但好歹也曾当过霸主……言尽于此，请阁下钧裁。

　　邾国人民政府　敬上

赵盾感叹了一声："虽然是蕞尔小国，但说得有道理呀！"当即批示："转各部长、各国领导同志传阅。"

第二天，盟军所有军以上干部齐聚在赵盾军营，听他做临时工作报告。赵盾说："同志们，邾国的抗议信，大家都看了吧？我第一时间看了，惭愧呀。邾国是个小国，可是，我从那封抗议信中，看到了人家的大，大气的大。和它相比，我们晋国才像个小国。人

家以自己的大气，榨出了我们七百辆兵车下的小。同志们哪，国之大小，有时不以兵车的多少来衡量，是的，我们是有老虎般的武备，但是我们只有鬣狗般的举止。我们有着贵族的身份，我们却只有乞丐的目光。从武力上说，要拿下邾国，不费吹灰之力，但是，我们不占理。我们晋国是霸主，而不是帮主。我们是一个正义者联盟，而不是一个黑帮集团。是霸主，就要讲道理。只有讲道理，才能永远称霸。因此，我现在只能沉痛地宣布，立刻退兵回国。"

　　我想归纳一下本文的中心思想，但想了想，还是算了，因为我想说的，赵盾同志已经帮我说了。

如何避免自己家族中再出现一个"伟人"，强行拆迁自己，这是晋武公的继承人晋献公一直忧虑的问题。

太爷爷桓叔、爷爷庄伯的后代太多了，按照传统，这些堂爷爷、堂叔叔，个个都有自己的采邑和甲兵，虽然每家不会太多，但联合起来，力量也不可小觑。

"难保他们当中不出现一个新的愚公。"晋献公想，"以愚公移山的精神，把我这个大房的财产夺了去。虽说这个晋国也是我祖孙三代坚忍不拔，从上一个大房那儿抢来的，但这个革命传统，可不好代代相传啊。"

也许他也可以宽慰自己："我又没傻到赐一个大城市给他们，怕什么？"

但这并不保险，堂爷爷、堂叔叔们加起来，实力似乎并不比当年的曲沃小。晋献公可不想姑息养奸。

这时一个叫士苏的贵族站出来，给他出主意："桓、庄之族中，最可怕的叫富子，这家伙不但有钱有粮，还最有计谋，干掉他，其他人就成了无头苍蝇，卵都产不到一块。"

晋献公点头："嗯，但如你所说，怎么干掉富子呢？"

士苏说："请把这件事交给我。"

史书上说，士苏就跑到"群公子"那边去，干起了挑拨离间的勾当，具体怎么做的，史书上没写，需要发挥我们的想象，但我并不是在写小说，所以不想瞎编。总之士苏同志成功了，晋献公的堂爷爷堂叔叔们召开了一个批判大会，揪出了富子这个隐藏很深的阶级敌人："打倒富子这个叛徒、内奸，踏上万只脚。""敌人不投降，就让他灭亡。"口号声此起彼伏。

还好，那个时代，天下还不是一统，不是铁板一块，此处不留爷，自有留爷处。我爱这个国家，可这个国家爱我吗？回答是否定的。富子的庄园保不住，性命和可动产还是掌握在自己手中，他收拾收拾细软，离开祖国，移民了。

晋献公很开心，找来士苏："我这些堂爷爷、堂叔叔，看来智商不高哇！这么容易就对付了，枉我开始还吓得胆战心惊。"

这虽然不是抹杀，但至少是压低了士蒍的功劳，没有给士蒍的劳动以应有的评价，士蒍完全有理由闹情绪，撂挑子，但他并没有这么做，而是戒骄戒躁地说："领导，您说得是，但智商低的也需要人去搞，扫帚不到，它们自己是不会跑的，臣就是您的扫帚。"

在士蒍谦虚谨慎的伟岸人格面前，晋献公羞愧了："士蒍同志，你放心，其实，富子虽然滚蛋了，但还有游氏兄弟不好对付，你帮我先把他们强拆了，我不会亏待你。"

游氏两兄弟，也是潜在的曲沃桓叔，是富子离开后的新的领导核心，他们虽然不擅长计谋，但是都很悍勇，很难让人掉以轻心，这点，晋献公懂。

士蒍去了，不知他又采用了什么计谋，没过多久，那些低智商人群再次开起了批判大会，这次的目标当然是游氏兄弟，而且不再文斗，而是直接武斗，在如火如荼的革命形势下，两兄弟很快丧生。第二年，依靠士蒍的努力，低智商人群继续对游氏一族穷追猛打，把后者杀了个精光，然后他们在聚（地名）修筑了一个城邑，全部迁居在那里，搞出一副要造反的架势。

士蒍对晋献公说："最聪明、最强悍的都被他们自己干掉了，现在您可以关门打狗了。"

晋献公不会让聚变成第二个曲沃，立刻发兵将聚团团围住，聚邑土崩瓦解，低智商人群顿时成了羔羊，而聚则成了屠宰场，最后这个硕大的屠宰场也跑掉了几头羔羊，他们跑到了虢国，向虢公哭诉委屈。

虢公是周王室的卿士，相当于天下的警察，有着维稳的使命。一听，自家人杀自家人，杀得这么起劲，这晋国的造反传统还真变态，都是一帮什么垃圾呀！发兵攻晋，但是没有战果，晋国很强大，撼不动。而且，这反而惹怒了晋献公，当年就是这个虢国打着周王的旗号，一次又一次干涉晋国内政，否则自己老爸不会两次吐出大房的家产，险些赍志而没。他要报仇，关键是，为了防止那个造反传统的发扬，他必须杀了那些逃走的羔羊。

这个目标已经不难，十几年后，晋献公向虞国借道，灭掉了虢国，晋献公的屠宰计划圆满完成。

在春秋列国中，晋国的大贵族基本没有公族，大概都是造反传统惹的祸。但是，晋国最后却被韩赵魏三家瓜分，这个残酷的现实又告诉我们：强拆不一定只发生在兄弟之间，造反传统就像美貌少女，你家不稀罕，她不愁找不到别家。

晋献公决定，必须立最宠爱的妃子骊姬为夫人。按照那时的习惯，先用乌龟壳占卜，结果是不吉利。献公不高兴："用蓍草占个卦试试。"结果很吉利。献公很高兴："这就对了，这蓍草哇，还真是比乌龟壳灵。"

占卜的官吏那时一般称为"卜人"，他提出异议："领导，您确实很英明，但祖宗相传，筮短龟长，乌龟的预言一向比蓍草要高贵、要靠谱哇！"

献公虎起脸："你的意思，是我这个当领导的错了？"

眼看不对劲，卜人赶紧转弯："对不起，领导，是小的错了，小的犯了本本主义、教条主义的错误。"

献公这才舒展了脸："这就对了，知错就改，善莫大焉。就这么定了，立骊姬为君夫人。"

自家当了君夫人，儿子不做太子怎么行？骊姬得陇望蜀。对，晋献公早就立了太子，名叫申生，也很得大臣的爱戴。但那又怎么样？领导的意见才算意见。只要搞定领导，再难的事，都不算事。骊姬半夜吹起了枕头风："老公，妾身听说，申生这个人很仁爱宽惠，很得老百姓的欢心啊。"

献公一时没转过弯来："好事呀，老百姓拥护，这才是我理想的接班人啊。"

看来太含蓄了不行，骊姬干脆开门见山："老公，你是怎么了？老百姓拥护他，你就没戏了，他会杀了你，自己当领导。"

献公半信半疑："不会吧，他毕竟是我的儿子耶，一个人对老百姓好，对自己的老爸反而会不好？"

骊姬说："老公，你开会时经常强调，在关键时候，为了顾全大局，要果断抛弃亲情。申生现在得到百姓拥护，杀了你，自己当领导，老百姓别提会多开心。这就是讲政治，谁在乎你是不是他老爸？"

献公顿时闷头不语，骊姬窃喜，继续加大攻势："老公，说到这里，我也就打开天窗说亮话了。你爹晋武公、你爷爷庄伯、你爷爷的爹桓叔，三代人磨刀霍

老爸还是有点爱我的

霍，终于干掉了大房，夺得晋国的君位，他们哪一个讲亲情了？杀亲夺位，这是你们家的造反传统，谁人不知，谁人不晓？"

发家史被掀了个底朝天，献公害怕了："爱姬，过去的事情不要再提了，一切要向前看。"他手指前方。

骊姬才不听："忘记历史，就意味着背叛，怎么向前看……刚才的话题，咱们继续，为了防止你的堂爷爷堂叔叔也对你如法炮制，你又绞尽脑汁，把他们老老少少杀了个精光，全天下像你这么干的诸侯，有没有？全天下的诸侯国，像晋国这样没有公族的，有没有……"

晋献公终于彻底妥协："好了好了，爱姬，我听你的还不行吗？先下手为强，搞定申生。但是，虎毒不食子，我总得找个借口吧。"

骊姬拍拍高耸的胸脯："借口，好办，包在我，您的战友身上。"

骊姬立刻给申生发了一份红头文件："昨晚领导梦见你死去的妈妈齐姜了，她说她饿。你是个孝子，得去曲沃的宗庙祭祀一下，记得祭祀后把酒肉带回来，给你爹尝尝。"

申生屁颠屁颠地去了，祭祀完毕，又兴冲冲回到首都，把酒肉献上。很不巧，献公打猎去了，骊姬收下酒肉，利索地给酒里插入鸩羽，肉里拌上乌头。献公回来，骊姬意味深长地捧出酒肉："这是太子送过来的祭肉和酒，请您品尝。"

大概是打猎渴了，献公接过酒就想往嘴里倒，但被骊姬的纤纤细手提住："老公，咱们不是说好了吗？该怎么做，你懂的。"

晋献公挠挠头："差点忘了，得先酹酒祭地呢。"他把酒往地上一泼，地上立刻坟起一块，这是"鸩尾酒"的征兆（具体什么原理，我也不知道）。

晋献公说："这是怎么回事？喂狗吃试试。"

狗很快倒毙。晋献公又说："狗的生理特点大概和人的不同，不要冤枉了爱子，再让侍臣试试。"

侍臣没有选择，哭哭啼啼地吃了，也很快倒毙。骊姬呼天抢地："苍天啊！天底下还有这样的儿子，你是太子，君位迟早是你的，你猴急个什么劲啊？"

晋献公也手拍栏杆，仰天叹息："儿子呀，我待你不薄哇，你为何如此恨我？"

申生已经回到了自己的居地新城，接到老爸的电报："你弑父的计谋败露，自己看着办吧。"

知道是怎么回事，申生找了根绳子，往房梁上搭，

老爸还是有点爱我的

侍臣劝他："太子，你是冤枉的呀，一定是骊姬陷害你呀，你应该写封信给老爸，详细叙述事情经过。"

申生叹了口气，对侍臣说："唉，你跟我这么久，怎么还跟外宾似的，不懂得什么叫讲政治呀！老爸还是有点爱我的，他为了杀我，表演了这么久，有多累你知道不？看着老爸受累，而不帮忙，那就是不孝哇。我能当不孝的人吗？"

他把脖子伸进绳套，蹬掉凳子，一会儿，就像只野鸡一样垂下脑袋，死了。

晋惠公名叫夷吾，是晋献公九个儿子中的一个。献公逼死太子申生后，心满意足地挂了。但是，他属意的两个儿子奚齐、悼子，很快被一个叫里克的权臣凶残杀掉。国中无君，里克给逃到外公家的公子重耳发了封信："公子，回来做领导吧，前面两个领导都不合格，被我干掉了，亟盼您回来主政。"

这个盛情来得缺乏过渡，重耳哪敢答应，他的回信老奸巨猾，其实也带点跃跃欲试："里大夫：我是违背了父亲命令，腆着脸皮逃出来的。父亲死的时候，连丧礼都没去参加，这算什么儿子？我惭愧呀里大夫，没脸回国呀，您还是挑个更好的人，继承我老爸的君位吧。"

里克没有理他，把目光转向重耳的弟弟夷吾。

夷吾的妈，是重耳老妈的妹妹，姐妹俩都出自狐氏，一般被称为大狐姬、小狐姬。这对老姐妹是同时嫁给晋献公的，当重耳遭到老爸追杀、逃奔狄地的时候，夷吾也想步其后尘，却被手下郤芮劝住了："老大，你哥重耳已经先去了，你还去？将来有机会回国争君位，你是让他呢，还是不让他呢？不让，不像贵族；让，心里又难受。我认为，不如去梁国。梁国和秦国同祖同姓，而秦国块头大，你姐姐还是秦穆公的老婆。我们可以在梁国先建个电台，和秦穆公联络，你嘴巴甜一些，多叫几句姐夫，肯定可以得他欢心，只要他肯派兵护送你回国，这君位非你莫属。"

于是夷吾就去了梁国，受到盛情接待，还被招了驸马。但他不是穷小子出身，驸马怎能满足？没多久，里克热情洋溢的电报来了：

> 尊敬的公子：我们已经干掉了奚齐、悼子，还有骊姬，坏蛋们一个不剩，剩下的只是空空的君位，我们第一个想到的就是公子你，归来吧，归来哟，浪迹天涯的游子，君位是你的，我把一切都准备好了。您最忠诚的下属里克。

夷吾骂了一声:"发个电报还装腔作势,满口文艺腔,这能算诚心吗?鬼才信。"

他召集手下商议,手下也都反对:"刨掉死去的申生、奚齐、悼子,加上活着的重耳,公子你,国内还有四个继承人呢,怎么会第一个想到你?鬼扯。这家伙手里攥着两条血债,他的话靠得住,母猪会上树。"

夷吾点点头:"这样的好事,里克不可能先请我,而不请我哥重耳。你们说,我比我哥强在哪儿?不过,难道就眼睁睁看着里克拥立我哥当领导?我心里窝火呀。"

郤芮出主意:"当然不,是时候向你姐夫求助了。"

夷吾道:"好是好,但我怕他们说,夷吾为了夺取政权,不惜借助西方敌对势力。"他地理学得不错,转动地球仪,秦国确实在晋国的西方。

郤芮奸笑:"那又怎么样,干大事,脸皮就要厚。外国势力,不管西方东方,能借到就是本事,你不借,别人难道客气?听说你哥一路南下,周游列国,他不也想借助南方敌对势力吗?"

"倒也是。那就这么办,跟我姐夫联系。"夷吾道。

过几天,姐夫的反馈来了:"亲兄弟明算账,何况我只是姐夫,跟你没血缘关系。割给我们河西五个城池，立刻出兵相助。"他没有打算做活雷锋。

夷吾怒了："什么破姐夫，趁人之危呀。"他有顾虑："借助西方势力不要紧，但要把祖国的城池实打实割给外国，就为了夺取政权，这不是赤裸裸的卖国吗？"

郤芮回答了一句对于中国的流氓来说最伟大的真理："你傻呀，人实有国，我何爱焉？"

翻译一下是这样：人家的国（又不是我的国），我吝惜什么？言下之意就是：搞政权就是要不择手段。卖国又怎么样？这世界，成王败寇，笑贫不笑娼，等你当上国君，谁又敢说三道四？

夷吾"醍醐灌顶"："有道理，爱国也要看时机。如果我现在就迫不及待地爱国，爱的是他们的国，划不来。国如果必须爱，把它搞到手，再爱不迟。"

这边回复一过去，秦穆公很高兴，立刻发兵把夷吾送回了国。夷吾即位，变成了晋惠公。首先他找来里克："本来没有你，我也当不了国君，按说，我应该奖励你，但想想你连杀了两个领导、一个同事，当你的领导，太可怕了。你是贵族，知道怎么办，呃。"

里克哭了，反问："不杀那些人，怎么有你的份儿？"但也没奈何，又创造了一句成语："欲加之罪，其无辞乎?"横剑自尽。

晋惠公放心了，派大夫丕郑访问秦国，对秦穆公转达了歉意："寡人回国后，跟各级领导同志商量了一下，都说城池是祖宗传下来的，不能随便给人，食言啦，实在有点对不住哦。"

"有点对不住，有一点?"秦穆公气得发昏，但又不能怎样，晋国是大国，兵强马壮，人家不给，硬抢也未必奏效，只能把愤怒深深埋藏心底。

这个故事告诉我们，把不属于自己的东西，许诺送给别人，以换取帮忙，是件一本万利的事情。事成之后，就算兑现诺言，自己也不吃亏；不兑现诺言，那当然，就更不吃亏了。

不过我感觉作为一个贵族，确实不该这么做。

人家的国，我吝啬什么

这篇接着上回的故事讲。

话说在秦穆公的帮助下，晋惠公夷吾回国，却拒绝兑现割让城池的诺言。秦穆公蠢蠢欲动，决心报仇。也怪自己嫩，执政不到十年，政治经验不够丰富，才会被夷吾那竖子耍。他耐心等待时机。

三年后，晋国发生饥荒，晋惠公竟厚着脸皮向秦求救："行行好，忘记旧恶，珍惜生命。支援一点粮食吧。"

大臣都劝秦穆公："报仇的机会来了，领导，您可要好好把握呀。"秦穆公却一脸正色："什么话，你反人类呀？夷吾那王八蛋是坏，可晋国的老百姓无辜哇。借粮。"

史书上没说晋惠公什么反应，也许他良心受到了触动，大哭："姐夫，我丧尽天良，对不起你。"但鉴于《左传》这部著作已经决意要把夷吾树立为坏蛋的典型，对这细节装聋作哑，所以在这儿，我们也不好为夷吾说什么。何况在第二年，夷吾的表现再一次跌破了做人的底线。

这一年，饥荒悄悄来到了秦国。

秦穆公理所当然向晋国求援，晋惠公准备借粮，却遭到贵族虢射的反对："依我说，要做坏蛋，就干脆做到底。反正您已经食言，没给他们城池；这回饿死他们，他们也就没力气来寻仇了。别给。"

贵族庆郑反对："这么做，太不厚道了吧？本来食言了就是我们不对，去年人家又借了我们粮食，我们忘恩负义，一定会遭天谴的。"

晋惠公驳斥他："领土，能随便割吗？至于借粮，就是单纯的借粮，不要把借粮问题政治化。"

庆郑闭嘴了。晋惠公采纳虢射的意见，秦穆公没得到一粒粮食，全国勒紧裤袋，抗灾御荒，总算熬到新年，种稻插秧，收割入仓，红红火火。十一月，农闲了，秦穆公在丰收庆功会上做报告，在总结了抗饥救灾的伟大成就之后，他突然严肃起来："现在大家闲着没事，我宣布，去打夷吾那个忘恩负义的王八蛋，

他们也许不是很想再活五百年

怎么样？"底下顿时响起一片苦大仇深的掌声。

于是发兵渡河，进攻晋国。

晋惠公听到消息，问庆郑："咋办？"庆郑哼了一声，没好气地说："咋办，你惹出的事，你自己看着办。你说不要把借粮问题政治化，可这由不得你。"

总不能束手待毙，晋惠公决定亲征，按照惯例，先占卜选车右（贴身保镖），庆郑最吉利。但晋惠公否决了："这家伙出言不逊，换一个。"

两军在韩原遭遇，晋惠公欣喜地发现，秦国人比自己少，他有点底气了，派韩简代表自己挑战："秦穆公同志，您当年的恩惠，寡人忘不了，但是寡人军队很多，您若是肯就此回去，寡人很开心；要是不肯，寡人作为晋国人民的领袖，实在没法躲。"外交辞令，听着好像挺委屈。

秦穆公亲自扛着雕花大戈出来了："当年您在我国流亡，我很担心您的情绪；您回国后，我又担心您位置坐不稳；现在您一切都好，我们也就碰碰头吧。"

贵族的客套完毕，接着开打。秦军同仇敌忾，士气高，晋军大败，晋惠公的战车倒霉，滑进了泥泞中，怎么踩油门都没用。他急了，呼叫不远处的庆郑："老庆，快来救我，老庆——"

庆郑却冷冰冰说："你活该，像个男人吧，嚎叫什么？你不是否决了我当车右吗？我的车，不配载你。"竟然调转方向盘，跑了。晋惠公成了秦军的俘虏。

秦穆公吩咐手下："洗个澡，焚个香，我要宰了夷吾，敬献上天。"率领军队回国，但是离京城还有一站路的时候，他收到一封信，以及一件丧服。送信的使者大呼小叫："不好了不好了，夫人现在和太子罃、公子弘以及公主简璧，全部聚集在高台上，台下积满了柴禾，说要自焚抗议呢。"秦穆公急忙拆开信，上面写着：

老公你好：

上天降灾，使秦晋两国国君你死我活。你捕获了我弟弟夷吾，如果他早上来，我晚上死；晚上来，我早上死。馈赠丧服一套，也不知合不合身，请笑纳（我们母子四人死了，你总该穿两天丧服吧，亲）。

最爱你的穆姬绝笔

秦穆公手指发抖，手下安慰他："依臣看，夫人这是吓唬您呢。这么大的军事胜利，不押着俘虏进城显

他们也许不是很想再活五百年

摆，只怕不大好吧？庆祝的百姓一早饿着肚子在街上，都等半天了。"

秦穆公骂道："放屁，要是你自焚，谁在乎。可他们是我老婆孩子。"吩咐手下："算了，把夷吾那竖子囚禁到灵台，献俘礼取消。"

这个故事告诉我们：当春秋时代的国君不容易，不是被大臣耻笑，就是被老婆要挟。鉴于此，我武断地认为，他们也许不是很想再活五百年。

这一天，有个消息传到晋国，于是大臣卜偃对晋文公说："听说没？周襄王被弟弟王子带赶下台啦，现在孤魂野鬼，流亡在外。虽然那是个窝囊废，却有一个天子的头衔，主公不想利用利用？"

晋文公的身体不由自主前倾了："真的？我倒真想求他一件重要的事。"

卜偃说："什么事？"

晋文公期期艾艾，有些羞涩："到时再说。"他把身体重新仰了回去。

很快，晋文公的军队顺利地消灭了王子带，迎接周襄王回到王城。为了感谢恩公，周襄王对晋文公采用了最高规格的接待：不但赐予醴酒，还特别恩准，晋文公有资格回敬——地位低的人就是可怜，回敬对方酒，还得看配不配。

见周襄王这么平易近人，晋文公赶紧顺水推舟："老大，既然这样，能不能赐我一个资格，让我死后，也可以使用隧道下葬。"

所谓隧道下葬，是天子的葬礼规格，诸侯王是不配的。听了这话，周襄王的心，像秤砣掉进了水里。他其实知道自己有几斤几两，在这个拳头大的说了算的时代，自己也就是个空架子，但越是这样，这空架子越可贵呀。除了这，自己还有什么？对，还有几亩薄田。他只好把几亩薄田送出去："这，叔父哇，不是我不肯，实在是祖宗之法不可变啊，要是你也用隧道下葬，我们谁是老大呢？这样吧，如果你还认我这个老大，这事就别提了，我愿意把阳樊、温、原、攒茅等城邑送给你，以作补偿。"

这就像后世皇帝羁縻北方蛮夷，只要名义上服从自己，经济上可以给对方倒贴。中国的传统是很悠久的。

晋文公只好答应。但消息传到阳樊，就像台湾人听说自己被割给了日本一样，个个义愤填膺："这怎么行？我们的祖先是仲山甫，名字上了《诗经》的，晋文公算什么东西。老大一定是被胁迫的，我们只想当周国人，誓死不要晋国护照。"组织了军队，决心反抗。

晋文公一肚子气，发兵围住了城池，等待阳樊人的是屠城。好在关键时候，一个叫苍葛的大臣劝道："阳樊可不是蛮夷，而是文化之都哇。城中有大量精美藏书，那些大大小小的官，也多少都和周天子沾亲带故。你好意思都杀了？"

到底还是礼崩乐坏的初期，晋文公没那么嚣张，发了一张布告：各位父老乡亲，你们好。大家都是贵族，都沾亲带故的。杀了你们，我也下不去那手。我宣布，只要你们肯背井离乡，放弃阳樊，我就网开一面，保证你们的生命财产安全。我只要土地。晋文公。

这话说的，好像土地就不是财产。但是没有办法，阳樊人也不想以卵击石，只好哭着将一些金银细软打包，离开了故土。究竟那时候地广人稀，走到哪儿都可以重建家园，和土地相比，命似乎要分量重些。

晋文公笑笑，下一个要对付的是原。

原地的人也不想改为晋国国籍。晋文公叫嚣："三天内灭亡原。"但是在原人高昂的爱国热情下，没有得逞，晋文公只好下令撤退。谁知这时间谍来报："城中只剩下一两天的口粮，再坚持一下，他们就降了。"

换个领导也没啥不好

大臣军吏都仰望晋文公，晋文公看着他们急功近利的脸，严肃地说："要记住，夺取城池是重要，但领导的话更重要。这是颠扑不破的真理。我说了三天撤退，就得三天撤退，这叫信用。信用，是国家之宝，是百姓之福。一个小小的原，跟信用相比，微不足道。我们各级领导同志，要始终记住，以讲信用为荣，以不讲信用为耻。"

　　晋国军队撤退到三十里的时候，原国人眼泪汪汪追了上来："文公领导，没想到你是这么贵族气的一个人，说到做到。啥也别说了，有您这样的领导，当晋国人也挺好的，我们愿意。"

　　这个故事告诉我们，当小国的人挺可悲的，根本无法掌控自己的国籍。我认为，碰到这种情况，就别自作多情了。既然领导能把你割给别人，他就根本不配当你的领导，换个新领导，也不见得差，至少他肌肉更硬。

卫文公姬燬的一生，似乎是以委屈始，以委屈终。

他继承的是个烂摊子，他的堂兄，也就是喜欢鹤的那位卫懿公，被狄人搞得几乎灭了国，靠诸侯的帮助，在楚丘修建了新的城池，总算稳定了局势。但整个国家只剩下不到六千人，连门板都是诸侯赠送的，穷得上气不接下气。

这样怎么行？卫文公痛定思痛，决定走改革开放的道路。他轻徭薄赋，与民休息，奖励工商，扶助教育。更重要的是，他以身作则，每天穿着劳动布工作服，和老百姓打成一片。没多久，卫国开始蒸蒸日上。

但怎么蒸蒸日上，也毕竟是小国，十多年来，卫文公始终团结在以齐国为首的霸主周围，虽然后来也遭过几次狄人的侵犯，都因为有盟国相助，没什么损失。

不过局势随着霸主齐桓公的咽气，出现了转折。

齐桓公宠妃很多，五个不同母的爱子，不知选谁当太子好，直到快死了，才选定立公子昭为太子，并托付给宋襄公。但并不坚定，又想改立另一个儿子无亏。所以他一咽气，公子昭，也就是齐孝公，君位还没坐热，就被赶下台，逃奔宋国。公子无亏即位。

宋襄公当仁不让，率领卫、曹、邾多国部队进攻齐国，击败齐师，重新扶植了齐孝公。不过在战争中，狄人曾经发兵宣布支持公子无亏。大概因为此，在这年的晚些时候，狄人联合邢国，一起进攻卫国，围住了菟圃。卫文公想起了卫懿公灭国那一幕，生怕老百姓不肯卖力，于是召开群众大会，说："卫国人民的死敌狄人又来侵略我们的祖国了。谁能干败他们，我阿燬就奉他为老大。"

老百姓感动得不行："主公，您竟然自降身份，走平民路线，称呼自己为阿燬，太感人了，我们都听您的，誓死保卫祖国。"

卫文公暗喜："民气可用。"出兵反击，在訾娄这个地方，和狄人的军队相遇。狄人一看，乖乖，同仇敌忾呀，已经不是十几年前那些不爱国的卫奸乌合之众了。他们权衡再三，觉得没有胜算，宣布撤退。

不战而屈人之兵，卫文公开心得要命，但想起邢国，又气愤难平："狄是野蛮人，他们来打我，倒也罢了。你邢国凑什么热闹？当年你们一样被狄人欺侮，也是靠诸侯帮助，才重新建国，现在你却认蛮作父。野蛮人，我阿燬还可以容忍；认蛮作父，是可忍孰不可忍！"

这时卫国发生了饥荒，按照常规占卜，看祭祀哪些山川可以求福，结果发现都不吉利。大臣宁庄子突然喊道："有办法了有办法了。"

卫文公惊喜："什么办法？"

宁庄子说："打仗。"

卫文公脸色一沉："捣什么乱。师之所处，荆棘生焉。大军过后，必有凶年。你懂不懂？我们卫国，现在已经是凶年了，还打仗？"

宁庄子得意地说："领导，我不是乱讲的，是有根据的。古书上说，当年周国发生饥荒，干掉商朝后，年成突然转好，这叫以有道伐无道，算是功德，上天会发红包。往年齐桓公是世界警察，我们不敢乱来，现在他挂了，国际秩序也就乱了。正好，我们干掉邢国，年成一定转好。您啊，就等着受上天的大红包吧。"

卫文公恍然大悟："有道理，看来，战争虽然不是好事，但辩证地看，又不一定是坏事。只要是正义的战争，是有助于庄稼生长的。"批准出兵。果然，动员大会刚闭幕，澍雨大降。

但是，邢国和狄、齐缔结了共保互助条约，卫文公没有占到什么便宜，怏怏撤退："看来，要干掉邢国，有一定难度。"大臣礼至献了一计："我们需要一个内奸。"

卫文公说："是这样，但问题是，我们没有。"

"我和弟弟假装叛国，去投奔他们。"礼至主动请缨。

公元前635年，鲁僖公二十五年正月，春寒料峭，卫国侵略军到来的消息传到邢国，邢国总理国子不敢大意，穿得厚厚的，带着贴身亲信礼至兄弟，亲自去城楼巡逻。国子环城鼓舞了一圈士气，信心百倍地准备回家，突然两腋被礼至兄弟扛住，接着感觉身子一轻，飞腾起来，像沙袋一样坠向城下，沉闷的一声过后，魂归黄泉。礼至兄弟叫："哎哟，不好了，总理失足坠楼了。"

一片混乱中，两人打开大门，卫国军队蜂拥而入。

很快，邢国的城头冉冉升起卫国国旗。

可是他没高兴多久，雪片般的谴责信从四面八方飞来。文化水平最高的鲁国，它的报纸头版头条竟是："卫侯燬灭邢。"按照国际法，对诸侯国君要礼貌，不能直斥姓名，鲁国报纸的社论是这么解释的：卫侯竟然冒天下之大不韪，吞并同姓国，已经沦为国际上正义力量的死敌，他不配得到礼貌，只能直呼其名。

卫文公一下子就气病了，回光返照之际，他在床前对大臣发布了最后一次讲话："当初卫国只有三十辆革车（装甲车），我阿燬励精图治，奋斗了十六年，增长到三百辆。但这又怎么样？还不是被人直呼其名。我阿燬活了一辈子，总算明白了，什么他妈的正义，都是写在书上愚弄人的。晋国连年亲族相杀，前不久还灭了虢、虞，那不都是同姓国？凭什么他就算正义，我就遭谴责？还不是因为他晋国个子大，我卫国身板小吗。同志们啊，春秋无义战，落后就要挨打，我，我阿燬死不瞑目哇。"

弱国的这些大臣们脑袋低垂，像沉甸甸的牛屎一样，周围荡漾着领导深刻的忧伤。

凭什么它就算正义

123

　　鲁国政治局常委公孙敖访问莒国，国事之外，还顺便替堂弟公子遂迎亲，他对莒国政府说："我保证，新娘子不会掉一根头发。莒国姑娘很好，我的亡妻，就是你们莒国的姑娘。"

　　莒国政府说："是呀，你当时一娶就娶了两个，姐姐戴己去世了，妹妹声己还活着，好好待她，都是给你生过孩子的人。所以上次你说，想再娶个莒国姑娘，我们没答应。"

　　公孙敖说："理解，我完全理解。"

　　这支迎亲的车队往回走，到达鄢陵。公孙敖一早在城楼上锻炼，呼吸新鲜空气，忽然发现一个美貌姑娘袅袅婷婷地走上来。公孙敖一愣，感到阴霾的天空一下子放晴了。他呆呆地看了会儿，上前倾诉衷情：

"你是新娘？这么漂亮？我是鲁国政治局常委公孙敖，我要娶你。"

新娘说："我的老公叫公子遂，他也是常委。"

公孙敖温存地说："可我还是一个情种。"他一把就将新娘揽在怀里，"我保证过，不让你掉一根头发。如果你嫁给公子遂，我怎么保证？我要通告天下，立刻娶你。"

在那个万恶的旧社会，女人，哪怕是贵族妇女，也没有自主权。新娘只能认命，当然，也许她也被公孙敖的痴情打动了，官做到常委，还这么痴情，不容易。

他们约好，回到鲁国，就去街道领结婚证。谁知祖国传来了消息："不好了不好了，老爷，公子遂已经从国君那领到了许可证，要发兵干掉您。"

公孙敖有点害怕："那家伙真野蛮，为了一个女人，至于吗？看来得避避风头，流亡国外。"

搞了堂弟的新娘，申请政治避难也不好意思，公孙敖有点发愁，好在很快祖国又传来新消息："老爷，国君听从常委叔仲惠伯的劝告，收回了公子遂的杀人执照。但是这新娘，您和公子遂谁也不许娶，要在国君面前盟誓。"

我是一个情种

125

公孙敖去见新娘，闷闷不乐："宝贝，为了大局，我暂时不能跟你结婚了。"

新娘哭了："公孙敖，你算什么情种，你这个骗子。"

公孙敖低着头任她骂："他们说，这是生活作风问题，我要做通他们的思想工作，我需要时间。"

新娘骂道："你骗鬼去吧。"哭哭啼啼走了。

公孙敖没有去追，他回到鲁国，在鲁文公面前承认了错误，公子遂也反省自己图谋杀人的不对，兄弟俩和好如初。

转眼到了第二年秋天，周襄王死了，鲁国要派人去吊丧，公孙敖自告奋勇："这趟差，我出。"

但是他一出国门，就转道去了莒国。新娘泪流满面："你还来干什么？你走呀，我不要再见到你了——你走呀。"

公孙敖死劲拍门："宝贝，你听我解释。那群人思想顽固，我花了一年时间给他们做工作，都做不通。所以这回我干脆豁出去了，叛国……你看，给周王吊丧的钱，我都带来了，够咱俩过下半辈子的。"

门开了，天仙破涕为笑："真的，老公，原来你真是一位情种。"

他们正式结婚，三年中生了两个孩子，别提多亲密。但这天，公孙敖突然跟新娘说："宝贝，我好想念家乡。"

新娘看看他："是不是跟我一起三年，新鲜劲儿过了，想溜？"

公孙敖苦着一张老脸："天地良心，我公孙敖是一个有名的情种，为了你，搞得身败名裂，你还不信我？何况人的感情，除了男女之爱，当然也包括对故乡的爱。"

新娘理屈词穷："亲爱的，是我不对，我不该怀疑你，天底下再也没有像你这样的情种。"

公孙敖说："知错就改，善莫大焉。"

新娘跟着公孙敖回了鲁国。公子遂说："叛国的淫贼回来了，我也不计较，但是别想官复原职，否则咱们白刀子进红刀子出。"

这怎么行？回国就是为了重新回到政治舞台。公孙敖憋在家，怏怏不乐过了三年，又重新搬回了莒国，最终客死在齐国，临死前，他向祖国打报告："希望回家乡安葬，葬礼按照常委待遇。"

祖国接到报告，常委们一起研讨，结论是："这家伙，一天到晚号称情种，其实就是生活作风问题，按

我是一个情种

照组织纪律，不处罚是不行的。葬礼的规格，是一定要降的。"

　　这个故事告诉我们，一个人到底是情种，还是生活作风问题，本人说了是不算的，要听组织上决定。

❀ 千万不要对贵族不礼貌

　　宋国人南宫长万自小营养充足，长得非常健硕，作为贵族，他成年后扛着枪，雄赳赳气昂昂上了战场，在乘丘，一支名叫"金仆姑"的神箭扑面飞来——鲁庄公射的——南宫长万没有倒下，一支区区的神箭，根本不能完全搞定他强壮的身体。无奈，鲁庄公的车右，大力士颛孙只好亲自出马，几个回合后，负伤的贵族南宫长万体力不支，他没有机会为祖国流尽最后一滴血，成了鲁庄公的俘虏。

　　大概南宫长万在宋国很有地位，战争结束后，宋闵公和鲁国进行外交斡旋，希望能释放俘虏。于是南宫长万顺利地回到了不算阔别的故乡，继续他的贵族生涯。

　　这一天，宋闵公把南宫长万招去下棋。他们的关系非常好，就像电影里演的那样，两人支着肘盯着棋盘，身边妇女相绕，就差雪茄的烟雾荡漾了。估计在战俘营的时候精神受到了摧残，南宫长万突然毫没来由地咏叹起来：

> 啊，伟大的鲁庄公。
> 你是多么美好，多么伟大！
> 我纵观过无数诸侯，都不配给你结袜。
> 只有高高在上的你，才至尊无价！

他的诗有没有文学价值，还可以商榷，但在这个场合写这个内容的诗，无疑是脑子进水，自己的老大就在面前，却夸外帮的老大，这分明是不把领导当领导嘛。果然，宋闵公不乐意了，他阴着一张脸，讥笑道："真是根贱骨头，以前我怎么没发现？你是不是患上斯德哥尔摩综合征了？"

宋闵公一说完这句话，立刻就后悔了，因为他发现南宫长万像变了一个人。这个人像一头注射了变异病毒的野兽一样扑来，宋闵公的脖子一下就被强行扭离了躯体。干掉领导后，南宫长万的心并没有平静，他向门口奔去，在那儿遇见了贵族仇牧（是赶来救驾的）。南宫长万毫不客气，又紧锣密鼓给我们放映了一幕香港黑社会电影：他死死揪住仇牧的脑袋，使劲往门上乱撞，可怜的仇牧还没明白是怎么回事，就交出了自己脑袋的主宰权，这不是慷慨，而是被慷慨。他任凭南宫长万将自己的脑袋像暴风雨似的泼向门板，频率密集。在如此高强度的打击下，仇牧这个据点被轻松摧毁。据打扫战场的战士说，仇牧的尸体是贴门立着的，因为他的牙齿嵌入了门板，像一枚大头针；而他的身体，则像一具标本。

连杀两人，野兽南宫长万仍旧没有止住脚步，他狼奔豕突，见鸡杀鸡，见狗杀狗，在东宫的西面，又遇见了太宰华督，就是那位抢过孔子祖先老婆的人，很有权势。南宫长万没有畏惧他的权势，他再次上前，将其轻松击毙。然后回到家，举起了造反的旗帜，贵族公子听说后，很多匆匆收拾细软，攥着护照就登上了国际马车：有南宫长万在，可爱的祖国还怎么待？

最后南宫长万是这么死的。他遭到了其他贵族的围攻，战败逃亡。但他竟是个孝子，不忘带走老妈，亲自拖着车奔向陈国。他的力气着实骇人，两地相距260里，他仅用了一天时间。可以这么说，南宫长万的身体内奔腾的好像不是血液，而是97号优质汽油。

千万不要对贵族不礼貌

陈国貌似热情地迎接了他，但很快就收到了宋国的外交照会，和贿赂，要求将他引渡回国。陈国人想，这家伙像蛮牛一样，谁敢押送？最后他们采用三流国产剧的做法，找来一个美女，把南宫长万灌醉，还真成功了。这大概不是幸运，而是因为办法最老套，技术就最成熟，成功率自然更高。他们把南宫长万用犀牛皮一裹——犀牛皮知道不啦？那是最硬的皮，连箭矢都射不穿的——南宫长万就这样被快递到宋国，宋国人拆开包装一看，倒吸了一口凉气。幸好没打算省邮票，因为苏醒后的南宫长万像蝴蝶一样，已经扯破坚韧的犀牛皮，即将破茧而出——接着他被做成了肉酱。

　　写到这里，我有一种神驰之感，当宋国人看到那摊鼻涕样的肉酱时，忆起他曾经是一位那样神勇的贵族，不知心里是什么感觉。他曾经风流潇洒地活在这个世界上，会哭会叫会思考，懂得孝顺。他自尊而凶残。这摊肉酱的每一滴，按照特定的方式组合起来，就虎虎有生气。然而它已经是一摊肉酱。

　　我同时也感慨，宋闵公同志，你这是何苦呢？虽然你是国君，但你真不该对一个贵族这么不礼貌，哪怕他蹲过战俘营。

因为对方忘恩负义，秦穆公找上门，跟晋惠公在韩原打了一仗。结果不意外，忘恩负义的人成了俘虏。秦穆公本来想把晋惠公当成人牲，搞个祭祀大典，让祖宗饱餐一顿。谁知遭到老婆的自杀威胁，酒席泡了汤。事情一拖，愤怒也就慢慢减弱，于是，给了晋国外交斡旋的空间。

住在战俘营的晋惠公觉得丢脸极了，一个超级大国的君主，竟然混成这样，没法向本国人民交代呀。他假装很悲壮的样子，派人回国修补形象。那几天晋国很热闹，人山人海，都挤到政府大厅前，听公务员肉喇叭一遍遍煽情：

父老乡亲们，你们好：

三个月前，我们尊敬的领导晋惠公，为了抵抗侵略，保卫祖国，亲自上阵厮杀，中了埋伏，不幸被俘。但是，他在敌人狱中英勇不屈，慷慨陈词，怒斥秦帝国主义的无耻行径，沉重打击了敌人的嚣张气焰，致使敌人羞愤交加，弯下罪恶的腰肢，主动求和，并将礼送我们领导回国。但我们尊敬的领导说，仗没打好，对不起父老乡亲，没脸归家。他要我们紧密团结在以太子姬圉为首的政府周围，群策群力，发愤图强，大干快上，把晋国的生产搞上去，尽快提高晋国人民的生活水平……

多好的领导哇！群众都哭了。千万条手臂刺向天空："誓死捍卫老领导。""抗议秦国侵略军的野蛮行径。""无条件礼送老领导回国。""联合齐楚，共同伐秦。""老领导，百姓不能没有你。"纷纷要求参军，和秦国拼了。

晋国大夫吕甥带着群众的请愿书，兴冲冲跑到秦国，拜见秦穆公。秦穆公说："你们国内气氛怎样，还算和谐吧？"

吕甥沉重地摇摇头，递过传单和请愿书："不瞒您说，我国人民踊跃参军，都想跟您拼了呢。"

秦穆公的身体不由自主退了一下："真的，你们晋国人这么野蛮？"他匆匆浏览传单，有点生气了："你们的宣传也太无耻了吧？战争的起因，明明是你们国君忘恩负义，怎么我却成了无恶不作的侵略者？我可以扪着良心说，我这是吊民伐罪，秦国不折不扣属于正义的一方，是我扶持晋惠公即位，是我借粮给你们，可你们给我的只有欺骗、讹诈……"他把传单重重摔在桌子上。

吕甥有点不好意思："您请息怒，息怒，老百姓嘛，都傻，哪考虑到那么清楚。"

秦穆公余怒未息："少跟老子来这套，谁天生傻，你们官府不这么宣传，他们会这样？"

吕甥只好道歉："这事就别提了，好在我们国内的精英士大夫都知道，是我们领导做得不对，欠您太多，您不折不扣站在正义的一边。我在国内的贵族大会上也说了，秦晋两国，是一衣带水的邻邦，两国人民从原始社会起就开始往来，友谊源远流长。在会上，其他各级领导同志也都纷纷表态，要誓死捍卫秦晋两国的友谊。那些老百姓情绪怎么样，没用，他们又没决策权。"

精英和老百姓

秦穆公哼了一声："但是如果我不肯讲和，你们就可以鼓动愚民来跟我打是吧？"

吕甥有点尴尬："话何必说得这么难听……难道你们秦国百姓都识字？都有选票？您难道就不像操纵木偶那样操纵他们？说话要凭良心。"

这回轮到秦穆公不好意思了，他舔着干涩的嘴唇笑了笑："也是。那么，你们觉得，寡人会不会放你们领导回国呢？"

吕甥道："还是两种意见，老百姓都说，您肯定不会放；我们精英则相反，认为您大度，肯定会放。"

秦穆公叹了口气："又是两种意见……我倒真不想放，可惜你们国家太大，愚民太多，我一口吞不下，好吧，我放。不过，拿晋惠公的太子来做人质，这条件必须答应，否则，你也知道，我没法向我们人民交代。"

吕甥心照不宣，意味深长地笑笑："是的，我们都要向本国人民交代。您放心，就这么定了。回去我就改变宣传口风，说秦国人民主流还是友好的，这场战争，源于个别军国分子的煽动，秦国人民也是受害者，秦晋人民友谊万岁！"

秦穆公笑："要是有的百姓不答应呢？"

吕甥道:"那还用说,抓一批,杀一批,万事和谐。"

秦穆公竖起大拇指:"晋国国君是个窝囊废,但你们这帮家伙,执政水平不低呀。"

吕甥笑:"过奖过奖。外臣先告辞了。"

望着吕甥的背影,秦穆公对身边太监道:"传我的命令,给晋惠公换高级宾馆,送牛羊猪各七头。既然讲和,就必须给人家恢复领导待遇啦。"

精英和老百姓

宋成公死了之后，接下来一段时间，宋国很乱，各级官吏都忙着重新分配官职，连给领导举行葬礼的时间都没有。

新即位的领导叫宋昭公，他有点心烦，把大司马乐豫叫来："有些人太不爱戴公室，太不把领导放在眼里，还是宗室贵族呢，素质太低了。"他突然降低了声音："我想把他们都干掉，你看怎么样？"

乐豫在六个政治局常委中排行第三，很懂政治："这可不行，大家都是同一个祖先，怎么能自相残杀？宗室，是庇护君主的枝叶，把枝叶砍光，太阳一出，您这个根不就烤死了？请恕臣无法理解。"

宋昭公叹口气："如果他们甘愿当枝叶，谁去砍它？可他们现在到处扦插，想自立门户。这件事，我还得想想。"

几天后，宋昭公听见宫外杀声震天，赶忙从床上爬起来，组织人防御。但已经晚了，很快传来他的股肱、三朝元老公孙固、公孙郑的死讯。他气得发昏，号召部下拼命，这时六个常委出现了，他们公正地劝架："别打了，往上追溯，都是同一个祖先，坐下来谈谈吧。"

谈判桌上，宋昭公气愤地说："这是政变，是反叛，试问哪个国家允许？"

叛军大多属于宋穆公和宋襄公家族的旁支，他们也不服气："谁说没有？在伟大的晋国，这事曾算家常便饭。再说，我们不过是先发制人，你以为自己是善茬？"

宋昭公的眼光射向乐豫，心里骂道，原来是这个叛徒告密，但也只能吃个哑巴亏。好在乐豫主动认错："领导，这样吧，我这个司马不做了，让给公子印，就当是给您补偿。"

公子印是宋昭公的弟弟，能把弟弟安插进内阁，当然算不错。宋昭公答应了："好吧，既然是一家人，以后别这么打打杀杀的。有这精力，不如给我爹，也就是你们的老领导搞个体面的葬礼。"

很快一年过去了，宋昭公正在外面打猎，忙得热火朝天，一个噩耗传来："领导，公子印死了。"

宋昭公奇怪："昨天下午我们还一起喝茶，怎么会……什么急病？"

"不是急病，是被您的祖母襄夫人干掉的。她说，您一直对她不礼貌，这是给您的一点教训。对了，她还顺便杀了孔叔、公孙钟离。"

宋昭公痛哭："都是我的铁杆啊，现在，我成光杆司令了。"

随从只有陪着他哭，知道这仇报不了，不仅因为襄夫人辈分高，而且因为内阁的常委几乎都是支持她的，鬼才知道为什么。

接下来的八年，宋昭公只好一直夹着尾巴做领导，但命运并没有放过他。这天他得到一个消息，襄夫人想扶持自己的情人公子鲍上台，已经制定了干掉他的计划。他掂量了一下自己的力量，知道时日无多，于是召来自己仅有的几个亲信，把箱子全部打开，金光灿灿。他说："分了吧，能拿多少拿多少，我，用不着了。"

荡意诸官为司城，是内阁中唯一支持宋昭公的，他提议："襄夫人也真是，怎么能这么做……要不您流亡国外吧？有这些财宝，走哪儿都饿不着。"

宋昭公摇头："算了，和祖母的关系都处不好，怎么好意思出国？况且，做人还是应该有点气节。我好歹做了近十年的元首，以前出国访问，都是红地毯接，红地毯送，现在你要我流亡外国，灰头土脸，还不如死了。"

荡意诸说："你攒这么多钱，又不想移民，当初还不如拿出来赈灾，好歹能得到群众的拥护，襄夫人也不敢拿您怎么样。"

宋昭公摇摇头："这不是重点，主要是，我没有公子鲍那么帅。"

荡意诸道："这个世道，真是变了，如果不帅，连个领导都当不安稳。"

这年冬天的十一月，宋昭公最后一次去野外打猎，还没来得及享受驰逐的快乐，就遭遇了宋襄夫人派出的突击队，很快魂断荒野。跟随他的荡意诸不肯投降，也死掉了。临死前，突击队问他："哎，老荡，襄夫人说，她之前提醒过您，让您远离那昏君，您不肯。现在又不肯投降。真纳闷，那昏君有什么好？您好歹是个常委，何苦给他殉葬？"

荡意诸说："他确实没什么好，我只是觉得，不能动不动就投降，做人，还是应该有点气节。"

做人应该有点气节

为了群众的利益

公元前 611 年，宋襄公的遗孀，被称为襄夫人的，已经六十多岁了，但她人老心不老，胸中秋水荡漾，对亲信说："公子鲍怎么长得那么帅呢，你说？"

亲信心领神会："这题目很难。光采访他邻居，只怕不够。要不，您请他来家，当面沟通沟通。"

襄夫人撇了撇嘴："试过了，说忙得抽不开身。你说，这是真的吗？"

亲信说："哦，这倒还真是。这不今年收成不好吗，领导宋昭公不管，天天到处打猎。只有公子鲍每天忙着赈贷。普通百姓，只要肚子饿着，去他那儿就有吃的。七十岁以上，还可以领精品美食，不需要老年证。依我说，从古到今，都找不到这样心灵和外貌双美的公子了。"

襄夫人倒直率："心灵美不美，人家不在乎啦；人家呀，就爱他长得美。"

亲信道："其实，对付这种心灵特别美的人，也容易。"

襄夫人一喜："真的？快说。"

亲信说："据说他赈济灾民，把家都败光了，正缺资金呢。您可以出钱，帮他成立一个红十字会或者赈灾中心什么的，一定可以感动他。"

襄夫人说："万一他还是不肯呢？"

亲信说："发动群众。到时，就由不得他了。"

第二天，宋国街头上，多了一个大大的红十字标志，人们奔走相告："宋襄夫人出钱赈灾啦，资金雄厚，美食如山啊。大家快去领啊，据说是被公子鲍的善良感动而建的。"

消息一下传遍了全国，百姓都拥到"襄夫人协助公子鲍赈济办公室"门前，咀嚼着胖乎乎的白面馒头，看着大大的招牌，内心充满了感激之情。"好人呐，襄夫人真是好人呐。"歌颂声此起彼伏。

几天后，群众代表被请到赈灾办公室内开会。办公室主任很和蔼："大家说，襄夫人提供的馒头，香不香？米粥，稠不稠？酱菜，足不足？羊腿，肥不肥？"

为了群众的利益

他拍拍胸脯："要凭良心说。"

立刻啪啪啪声一片，都拍着胸口，当然也都是肯定的回答。主任提示："那，咱们应该为襄夫人做点什么？"

其中一个举手："襄夫人是协助公子鲍做慈善事业，我认为，干脆撮合他们，强强联合，这样，公司会更加兴旺发达，可以更好地为人民服务。"

有人迟疑地说："这样不好吧，按辈分，襄夫人是公子鲍的祖母。"

"又不是亲祖母。"马上有人打断他，"你丫还想不想吃白面馒头了？这点事都不肯为襄夫人做。"

大家一起声讨："想吃，就支持襄夫人；不想，就滚他妈的蛋。"

办公室干部满意地点了点头："不要吵，要团结，不要分裂。现在，就看你们的了。忠不忠，看行动。"

一群人喊着口号，游行到了公子鲍的家门口，挑起了请愿书："泣血恳请公子鲍和襄夫人牵手慈善事业，共同造福国人。"

府内，公子鲍问："外面喊口号，发生了什么事？难道是我什么事没做好，让人民群众不满意？"

随从说："估计是嫌您最近赈济的食物质量不够

高，品种不够多。"

公子鲍叹口气："我也想维持以前的水平，可是，钱快花光了。"

这时有人进来报告："襄夫人请求和您合营，人民群众正在外请愿呢。"

公子鲍沉吟了一下，说："我知道襄夫人的用意，可是，我不想出卖色相。"

随从说："为了群众的利益，只怕您必须这么做。"

外面的呼声越来越响。随从的脸色越来越焦急："公子，请愿人已经跪了一片，您不答应，只怕不行了。"

公子鲍毅然抬起头，无奈地说："既然这样，那，好吧。在群众的利益面前，个人的利益算得了什么。"

这一年冬天，宋昭公在孟诸打猎，被襄夫人安排的人击毙，公子鲍成了国君，称为宋文公。即位那天，他感慨地说："我今天突然明白了一个道理：只要肯关心群众的利益，就一定会有个人的利益。"

为了群众的利益

眼光毒才能生存

晋国大夫阳处父奉命去卫国访问，回国时，路过宁邑，就在旅馆下榻。旅馆老板叫宁嬴，当然也是个官，称逆旅大夫。那时私人开旅店的估计不多，何况阳处父是外交使节，当然会住官办旅店。

听到阳处父的名字，宁嬴顿时晕了，这可是曾经带兵和楚国军队对峙的人啊，如雷贯耳如雷贯耳，他对妻子说："老婆，对不起，这回我要离家远游了。"

妻子说："为啥？"

宁嬴说："我一直想找个值得跟从的主人，现在终于找到了。"

妻子说："找到了？谁？"

宁嬴说："就是他，阳处父，他是个真正的君子，我要辞官，跟着他效力。"

妻子背过身子，抹了一把眼泪，回头笑着说："老公，真为你高兴，你去吧，公婆孩子，我会好好照顾的。"

宁赢说："什么话，我们好歹是贵族，还需要你亲自忙上忙下，你管理一下就是了。"

妻子红着鼻子，捶着他的肩："哎呀老公，婢子说的就是这个意思。"

宁赢辞别家里，跟着阳处父走了。妻子在家勤勤恳恳地工作，每当别人慰问"听说你老公辞职跟人跑了，那么大个国营旅馆的经理，就这样轻易放弃，多可惜呀"，她就贤惠地笑笑："他呀，追求自己的理想去了，他找到了真正崇拜的人，我做妻子的，可不能拖他后腿。"别人就伸出大拇指："你这个做堂客的，真贤惠。"

这天，妻子正在院子里指挥仆人劳作，忽然老公出现在院门口，风尘仆仆。她惊喜地跳了起来，扑上去："老公，你怎么回来了？"

宁赢叹了口气："甭提了，刚下车，一路吃不好，先给我煮点东西。"这时驾车的仆人也进来了，同样满面风霜。

吃饱了肚子，宁赢道："老婆，太倒霉了，我跟着阳处父一直走到温县，他的采邑。"

"然后呢？"

宁嬴道："一路上，他跟我祖露心扉，说了很多很多话，我渐渐发觉不对了。你知道吗，那次他和楚国军队隔河对峙，真相是什么？"

妻子说："只听说他以神威吓跑了楚国大军，保卫了祖国的安宁。楚国主将子上还因此被楚王杀了。怎么，有问题？"

宁嬴道："完全不是那么回事。他告诉我，是以谋略让子上退兵。他起先跟子上说：'你如果想渡河作战，我就退一点，等你过河。否则，你就退一点，让我过河。早点打早点结束，免得双方浪费军费。'子上说：'好，我先退一点，让你渡河。'于是楚国军队开始后撤，谁知阳处父立即宣布：'楚国人胆怯啦，逃跑啦，我们也回家吧。'"

妻子道："啊，这不是虚张声势吗？我还以为他真神勇无敌呢，他怎么好意思跟你讲。"

宁嬴摇摇头："这就是我决定不跟他的原因之一，他大概以为这还真算足智多谋吧？太没有自知之明了。"

妻子道："只是之一？那还有什么让老公你不满

意的？"

宁赢道："他还跟我诉说了自己的远大志向，说要干几件大事，绝不向任何黑暗势力妥协。唉，自以为是呀。才华不足，怎么能如此嚣张呢？"他指指天空，"人家太阳伟大吧？也只是夏天嚣张一点，其他时间段都比较低调，何况你一个肉体凡胎？我认为，他一定得不到好下场，跟着他，岂不是连带送命吗？"

妻子点点头："那你当初为什么那样坚决要辞职跟他？"

宁赢道："当初看他相貌堂堂，像是很有才华的样子。谁知道华而不实，肚子里是一包糠啊。"

妻子说："可是你被他迷得七荤八素，把工作都丢了。"

宁赢道："亡羊补牢，那总比把命丢了好吧。"

第二年十月，国都绛传来消息，阳处父被上卿狐射姑派人杀了，亲属家臣多遭牵连。宁赢对妻子说："老婆，你看，我的眼光不错吧，差一点你就没老公了。"

妻子伸出大拇指："嗯，老公，你真聪明。"

宁赢倒也没谦虚，他点点头："这年头，眼光毒才能生存啊！"

眼光毒才能生存

公元前 614 年，晋国总理赵盾主持常委会，讨论刚刚结束的河曲之战："我们这次打得很被动，据说都是士会给秦国人献了计策。"

座中有人骂道："果然是他，这个该死的卖国贼，晋奸。"

赵盾说："不要骂，同志，是我们对不起他，当年我们派他去迎接公子雍回国即位，后来，是我们反悔了，导致他流亡秦国……我们应该创造良好的政治环境，把跑出去的人才吸引回来。骂，解决不了问题。像士会这样的海龟，如果回国，我们是应该善待的，是要给他落实政策的。"

有常委质疑："赵盾同志，秦国是内陆国家，并没有海，士会怎么算得上海龟？"

列席会议的大夫魏寿余插嘴："总理用的是比喻的修辞手法。秦国物产丰富，号称陆海，士会当然算是海龟。"

常委很生气："魏寿余同志，注意自己的身份，这是什么规格的会议，由得你随便插嘴？"

赵盾摇头，对那常委说："同志，你这话就说得不对了。虽然是常委会议，可是魏寿余同志既然列席了，就有资格给我们提意见。意见提得对不对，可以商量。但是，要允许人家说话，天不会塌下来。我个人认为，寿余同志思维活跃，值得鼓励。"

魏寿余很感动："赵总理，我魏寿余愿意潜入敌后，召唤士会回归祖国。"

第二天，晋国汾水通讯社发布消息："罪大恶极的野心家魏寿余昨夜畏罪潜逃，晋国中央政府现在郑重宣布，褫夺魏寿余的大夫爵位，没收其一切财产，包括采邑、妻子、儿女……魏寿余已经成为晋国人民的公敌……"

秦国，秦康公亲自接见了魏寿余："义士呀义士，老婆孩子没了，没关系。我关中少女个个水灵，由你挑，任你选。想生孩子，分分钟的事。"

魏寿余感激涕零："领导，您真好。其实臣的采邑

我们的"海龟"回来了

魏邑，里面的老百姓都是忠于臣的，臣愿意策反他们，献给我新的亲爱的祖国。"

秦康公搓着手："哎呀，你人能来，就很好了，你看，还要献采邑。"

魏寿余响亮地说："这是臣应该做的。"

接着举行盛大宴会，欢迎魏寿余同志弃暗投明的标语贴得满屋子都是。魏寿余瞅了个空子，踱到士会身边，踩了士会一脚，目光意味深长。

士会睿智的大脑心领神会，幸福的暖流在肠胃间流淌：祖国没有忘记我，我还是有价值的。他激动得有点站不稳。

第二天，秦康公亲自率领军队，带着魏寿余来到黄河岸边。魏寿余说："领导，臣的采邑就在东岸，希望领导能派一个秦籍晋裔的官吏，跟臣一起去招降。这样，他们会更放心。对了，要聪明一点的。"

秦康公看着士会："没有比你更合适的了。"

士会摇头："晋国人都很凶残，派臣去，万一他们背信弃义，将臣扣留了怎么办？臣不屈服就是个死……"

秦康公说："寡人没有那么残忍，万一出了问题，允许你投降保命，人权，也就是生存权，终归是第一位的嘛。"

士会道："可我老婆孩子都在这里，我投降，您能放过他们？"

秦康公宽容地一笑："放心，商鞅还没出生呢，咱不兴连坐。"

士会仍不表态。秦康公明白了，补充道："放心，你要真回不来，我立刻把老婆孩子给你送去，行了吧？违背诺言，让河神吃了我。"他指着黄河。

"嗯，跟着您这样宽厚的好领导，真是幸福，我觉得这里比晋国起码好五倍。"士会由衷地说。

他兴冲冲跟着魏寿余渡河，一上岸，魏国士兵就拥上去，把他抛起来，又落下，抛起来，又落下。欢呼声响彻了黄河两岸："万岁，咱们的海龟回来啦。"

秦康公隔着黄河看傻了眼，半天才回过神来，破口大骂："来人，立刻把那家伙的老婆孩子给我驱逐出境。他不为我工作，难道我还帮他养家？"

随从立刻答应："放心吧领导，臣一定用特快专递，保证他们连晚饭都吃不上咱秦国的。"

我们的"海龟"回来了

贵族守则

韩原之战中，晋国贵族庆郑置领导晋惠公的哀求于不顾，自己跑了。这是《左传》写的。原因在于战前，晋惠公不听庆郑的劝告，放弃用本地马驾车，硬选择进口的郑国马。结果郑国马关键时刻不给力，陷进泥潭出不来，就这样被秦国俘虏了。

其实庆郑并不是完全一走了之，《国语》里说，他临走时，是打了招呼的，他对另外两个贵族韩简和梁由靡说："别忙着抓秦穆公了，快去救领导要紧。"

听说领导有急，韩简和梁由靡只好放弃口中的肥肉，跑去救晋惠公，但是已经晚了一步。

晋惠公在秦国待了三个月，经过外交斡旋，要回家了。贵族蛾析劝庆郑："领导被俘，责任可都在你。现在他要回来了，你还等什么？"言下之意，要庆郑赶紧跑路，根据《贵族守则》，得罪领导，最好移民。

谁知庆郑不是一般贵族，他的回答掷地有声："跑路，我不屑。《贵族守则》上说：'兵败，死罪；领导被俘，死罪。'可我不但没死，还害得梁由靡丢了功劳。我死三次都不够，还跑什么路？领导回来，我就主动受刑，博他开心；领导不回，我会率家兵独自伐秦救主，不成功，便成仁。"

蛾析不解："既然这么爱领导，当初为什么不把车开过去，接他走，你这不是多事吗？"

庆郑惭愧道："我不是爱他，他那个昏君，有什么可爱。只是《贵族守则》上说，领导成了战俘，下属却毫发无损，是有罪的，是不配当贵族的。"

蛾析肃然起敬："对不起，我错了，你是个真正的贵族。"

晋惠公到了国都郊外，不肯进去："庆郑还有脸待在祖国？换我早跑路了。我不想见到他。"派保镖家仆图去问庆郑："你这个犯罪分子，晋奸，想怎么办吧？"

庆郑说："我认罪，当初确实恨领导，现在我想通了，领导再不对，我也要尽贵族本分。我愿意接受惩罚。就算领导不杀我，我也会自杀。"

家仆图回去一报告，晋惠公笑了："什么就算我不杀你，我当然要杀。"

蛾析劝道："《贵族守则》上说：'贵族大义凛然，不苟且逃避刑罚，应当赦免，让其戴罪立功。'我认为庆郑符合这一条，不如派他攻打秦国，戴罪立功。"

但是梁由靡不干了："那怎么行，同志，不要本本主义，具体情况要具体分析。庆郑那人太卑鄙，不适用这条。再说还报什么仇，太子都给人家当人质了。"

晋惠公道："说得对，快，别让他抢先自杀，那样死，太舒服了。"

家仆图也劝："领导，《贵族守则》上说：'大臣宁死不跑路，领导应宽宏大量，这才像个好国家。'庆郑确实是了不起的贵族，杀了可惜。"

梁由靡反对："《贵族守则》上说：'不听军令，擅自逃跑，看见领导被俘偷着乐，必杀无赦。'庆郑条条符合，杀了他，一点都不可惜。"

蛾析和家仆图异口同声："可是《贵族守则》上说……"

晋惠公暴怒着打断了他们："去他妈的《贵族守则》，老子想起庆郑那家伙就恶心，赶紧去干掉他，别再废话了。"

于是贵族司马说带着人来杀庆郑："你有四宗罪，知道不？第一违抗军令，第二擅自脱逃，第三领导被俘，你脸上却完好无损，第四谎报军情，致使秦穆公逃脱。按照《贵族守则》，领导被俘，属下的脸却一点伤都没有的，必须处死，你还有什么遗言？"

庆郑叹道："当着三军的面，说什么混话？你见过宁愿留在国内等死，却害怕脸上受点伤的人吗？废话少说，动手吧。"

这个故事告诉我们，《贵族守则》这种东西，是靠不住的，除非制定这个守则的不是贵族。

贵族守则

要当就当晋国的官

大约十四岁那一年的秋天，晋灵公发了一张请柬，邀请政治局常委、国防军元帅、国务总理赵盾来家里吃饭。

在吃饭的地方，他偷偷安排了一队甲士，不是想给总理一个惊喜，比如酒酣时在堂前躺下，摆出一个"首长好"的古文字。晋灵公没这么浪漫，他的指令是："听到暗示，你们就跑出来，把老赵给我乱刀劈了。"他稚气的脸上，闪烁着杀人越货的光芒。

赵盾按时赴宴了，他是个口碑蛮好的总理，很忠心，老大请客，明知有点不对劲，也不能拒绝。

酒很快过了三巡，晋灵公准备动手了，堂上的空气陡然紧张了起来，赵盾的贴身保镖提弥明呼吸之间，发现有点不对，空气在肺泡间游走，步履邪恶。这不是什么好征兆！他噔噔跑上台，拉着赵盾就跑："总理，按规矩，大臣和君主小饮，不能超过三杯，您违反了组织纪律，我该批评您。"

赵盾也有所醒悟，他风趣地说："小鬼，你这张嘴呀，真是得理不饶人。"

邪恶少年晋灵公一看不妙，当即给身边一条大猎狗吹了声口哨："去，咬死那老头。"那确实是条好狗，它像电一样闪到赵盾跟前，却被提弥明一脚踹中下巴，当即脱臼，昏死了过去。赵盾的习惯一时改不掉，回头再次劝谏："领导，有人不用，您用狗，这种品味要不得呀！"

提弥明急了："总理，请回家再抒情。"但是来不及了。埋伏的刀斧手已经上来，将两人围在中间。

年轻的领导哼了一声："赵盾，你以为寡人只会用狗？告诉你，寡人爱读书，品味不比你低——给我上。"

提弥明是个很强壮的家伙，在当时晋国的力士中，估计能排进前三。为了保护总理，他英勇搏斗，但终究架不住人多，很快他也不行了。他悲号："总理，你走哇，我留下来给你做掩护。将来政治清明了，别忘了我小明就是。"

赵盾说："不会忘的——可是这里地形复杂，我怕找不到出口……"他刚说完，就被一只有力的手牵住："首长，跟我来。"

为了保护总理，提弥明献出了宝贵的生命，他没有白白牺牲，而是为赵盾的逃跑赢得了时间。在那只陌生而有力的手牵引下，赵盾顺利逃离了危险，和接应的人会师。他平静下来，用浓郁的山西临汾口音，慈祥地问那人："小鬼，你叫什么名字，为什么救我？"

那人敬了个礼，低沉地说："首长，不用问了，既然您安全了，我也就完成了使命。再见。"

赵盾望着他矫健的背影，大声叫道："壮士，我还是想知道你的名字。"

那人回答："其实我们认识，您还记得翳桑的那个饿人吧。"他跑得飞快，蹦出的音节沿途一路撒落，显得有点奢侈。

接应的人问："总理，您真认识他？"

赵盾陷入了沉思当中："那是很久以前的事了。有一天，我去首山打猎，晚上在翳桑歇宿，看见有个人面色蜡黄，气息奄奄。我就问他：'老乡，你叫什么名字，生了什么病？'他回答：'我叫灵辄，没病，只是三天没吃东西了。'我就立刻给了他好吃的，可奇怪的是，他只吃了一半，要把另一半打包。"

"为什么？"随从不约而同地问。

赵盾道："说是我给他的饭菜真好吃。他在外面打工三年，一文钱也没存下，这次回家，也不知道母亲是否还活着。眼看离家不远，想把剩下的美食带给母亲。"

"真是一个孝子。"随从慨叹。

赵盾点头："我就告诉他：'不用打包，尽兴吃。我会准备一个食品袋，装满好吃的，给你送回家。别忘了转达我对老人家的问候，告诉她，都是我赵盾对不起她，没把国家治理好。'没想到，他后来参军，成了咱们国君的刀斧手……这件事，应该带给我们很深的思考。"

随从甲说："是的总理，它告诉我们一个真理，见到乞丐千万别吝啬，没准哪天能救你的命。"

赵盾摇摇头："太庸俗。"

随从乙说："这个故事告诉我们，我们晋国还是发展中国家，还有很多老百姓吃不饱穿不暖，这是国君的失职，晋灵公必须下台。"

赵盾微微点点头："有进步，不过还不够深刻，有必要朝国情论方向突破。"

随从丙眼睛一亮："报告总理，我阿丙悟出的道理是：咱晋国的老百姓太忠厚了，只要给他一口吃的，不管时间隔多久，他都不会忘。有这样的百姓，我们可以随心所欲。"

"嗯，这是上天赐给我们的福分。"赵盾赞许地说，"要当，就当晋国的官。"

公元前 597 年，楚庄王发兵进攻郑国，郑国一面向老大晋国求救，一面抵抗。坚持了三个月，晋国人一个鬼影子也不见，郑襄公只好红着脸，光着膀子，牵了头羊出来投降。

其实，晋国的救兵正在路上，听到郑国已经投降，主帅荀林父说："这些郑国人真不爱国，就不能跟楚国拼个鱼死网破？也罢，等楚国人走了，再找郑国人算账。我想亲口问问他，凭什么随便投降我们的敌国？"

他的发言得到了士会等几个司令官的赞赏。士会说："楚国现在正碰到一个好领导，我们不能跟它争，我认真研究过楚国近年的军事制度，很厉害，咱们惹不起。"

但是副帅先縠有点不高兴："咱们晋国是霸主，是全天下孤弱者的倚靠，该主持正义的时候，就不能含糊。怎么可以欺善怕恶？也好，你们躺到床上去等死，我先毅，要死就死在战场上。"说完，带着自己的部队就渡过了黄河。

下军大夫（师长）荀首发言："这场仗，打起来必败。但是大帅，您管不住自己的部下，回去后怎么向领导交代？不如一起进军，败了，我们指挥小组的六个人一起承担罪责。"

荀林父无奈："既然大家的爱国热情这么高涨，我也不能泼冷水。爱国，不管怎样，都是高尚的。"下令六军一起渡河。

虽然晋国军队渡了河，但由于双方都是超级大国，都不想轻易卷入战争。只是几轮试探后，终于还是逸出了正常轨道，楚国令尹，也就是总理孙叔敖说："本来我是反战的，但既然战争无法避免，就让我们尽情拥抱它吧。"

这句话很有蛊惑力，楚国的战车和步兵立刻像疯狗一样冲向敌军。荀林父害怕了，他突然抢过鼓槌，狂擂了起来："传我的命令，全军撤退，先渡过黄河的，统统有赏。"

手下惊讶道："大帅，俗话说，击鼓进军……再说，自古哪有逃跑反而有赏的道理？"

荀林父有点脸红："同志，要记住，我们每个人的身体，都不属于自己，而属于祖国。当前最主要的任务，就是要为祖国保存力量。谁能成功逃回去，谁就是爱国。爱国，难道还不值得赏赐吗？"

随从不说话了。晋国的中军和赵朔统率的下军士卒更加热血沸腾，发足狂奔，嘴里喊着："爱国无罪，逃跑有理。"

他们爱国的热情可能不分彼此，但体力和其他条件的不平等，肯定会让逃跑的速度有差异。那些跑得慢点的，到了岸边，发现船上已经坐满了人，一个座位都没了。这是末班船，错过就没了，他们不想装绅士，哗啦跳下水，转眼间，船沿的两边就搭上了无数只手指，像变异的章鱼，密不透风。"爱国人人有份，你们不能撇下我们独享。"他们扯着嗓子喊。

先上船的爱国者没时间解释，他们拔出佩剑，以船沿为砧板，切起菜来。刀功不错，手指头像砂轮和机件摩擦溅起的火花一样蜂拥飞进船舱，很快就积起了一堆。先上船的贵族们掬起来，一捧一捧往水里扔，然后在屁股后面擦擦手，划动船，抛下那些没有手指的残废，扬长而去。

爱国很重要，但是……

165

此时此刻，荀首正要命令自己的坐船起锚，突然一个消息传来："不好了，首长，令郎荀罃刚才被楚国蛮子熊负羁生擒了。"荀首愣了一下，当即跳下船，对自己的族人家兵说："弟兄们，少主被楚国蛮子捉去了，我们要报仇。"

　　族人说："元帅说，保住自己的生命就是爱国，这要是回去……"

　　荀首打断他："少跟老子宏大叙事，赶紧走。"

　　荀首的司机叫魏锜，驾着车风驰电掣，冲向楚国人的军阵。荀首张弓搭箭，聚精会神寻找目标。他抽出一支箭，叹口气："真是好箭，箭杆直，箭镞锋利，谁做的？"放进魏锜的箭囊里；又抽出一支，看了看，赞了一句，还是放进魏锜的箭囊。魏锜怒了："你丫怎么吝啬的老毛病还没改？箭矢质量好，杀伤力不是更大？你吝惜这些好箭，就舍得你儿子的命？咱们晋国地大物博，做箭杆的好材料有的是。"

　　荀首说："你懂个屁，好钢要用在刃上，好箭要留给尊贵的人，捉住一个小毛卒，能换回我儿子？"

　　魏锜不说话了，一心一意开车。荀首突然抽出一支好箭，弯弓就射，一个楚国甲士倒了下来。荀首说："这家伙叫连尹襄老，是条大鱼，拖他上车。"魏锜把襄老的尸体拖上，继续奔驰。荀首突然又抽出一支好箭，一箭射去，正中楚国公子谷臣，将其活捉。他看看战利品："级别都很高，够了，回家。"

八年后，荀首用襄老的尸体和公子谷臣换回了自己的宝贝儿子荀罃。

我对勇敢的理解和你不一样

狼瞫是晋襄公的贴身保镖（车右）。本来他不是，在崤之战后，才升的。他能搞到这个职位，很有戏剧性。

话说崤之战（前627年）时，晋襄公的贴身保镖还是莱驹。一般来说，获得这个职位的人，都经过千挑万选，体能非常棒，战场心理素质也不差。但是莱驹很奇怪，晋襄公交给他一个秦国俘虏，吩咐说："小莱，把这家伙正法了，我走先。"

莱驹握着戈，就去斩战俘。谁知战俘突然大叫起来："饶——命——啊——"声振林樾，响遏行云。莱驹感觉自己耳膜一震，手指一松，戈就滑落地上。

这像什么贴身保镖？莱驹羞得无地自容，他弯下腰去拣失落的铜戈。谁知一个身影蹿过来，已把戈拣到手上，手臂一挥，将秦国俘虏的人头斩下。然后一个小擒拿，将莱驹控制住："莱驹先生，您临刑丢戈，已经触犯了晋国法律，我得带您去见咱们国君。您可以保持沉默，但您不能拒绝逮捕。"

很快，晋国军事法院审判：莱驹临阵胆怯，做保镖不合格，予以辞退。狼曋接替了他的位置，成为晋襄公新任保镖。

这一年八月，狄人进攻晋国，晋襄公再次亲征，狼曋高高兴兴地奔向保镖的位置，却被中军元帅先轸叫住了："喂，小狼，对，就是你，站住。"

狼曋腰杆一挺："元帅，有何吩咐？"

先轸说："没什么大事，就是给你换个岗，你不适合当领导的保镖。"

狼曋懵了："元帅，我很适合。"

先轸说："适合不适合，组织上说了算。"又指指另一个贵族续简伯："组织上认为，他比你合适。"

组织上的决定，谁敢违抗？狼曋抹抹眼泪，退了下来，对好朋友说："我很适合当领导保镖，呜呜呜，他先轸竟然当面褫夺我的职位，太不给我面子了。"

朋友说："没出息，哭有什么用，你也算个贵族，死了算了。"

我对勇敢的理解和你不一样

狼瞫说:"死也要有点价值,我不能把自己当一根虫眼密布的青菜。"

朋友说:"据说有虫眼,农药就不会超标……好吧,我的意思,道路是自己选择的,你完全可以做一根青翠的特供青菜。我帮你一起把先轸做了,这就是价值,这是勇敢带来的价值。"

狼瞫摇摇头:"我对勇敢的理解,和你不一样。贵族法典《周志》上说:'勇则害上,不登于明堂。'意思是,杀掉上级,这是不义,死后连祖庙都不配进。死而不义,这不叫勇敢。你也知道,当领导的保镖,最重要的条件就是勇敢。如果我干掉先轸,说明我确实不勇敢,确实不配当保镖,那我真是被那姓先的料中了。"

朋友有点不好意思:"对不起,都怪我不读书,以为打打杀杀就是勇敢。原来勇敢虽然要打打杀杀,却不仅仅是打打杀杀呀。"

狼瞫拍拍他的肩膀:"没什么,你还年轻,是上午十点钟的太阳,现在学文化还来得及。"又仰头说:"我要干一件真正勇敢的事,让那姓先的知道,不是我狼瞫不配当保镖,是他的眼光有问题。"

但是这一年十月,发生了箕之战,没多久,传来先轸的死讯："元帅因为对领导吐过痰，自我惩罚，不顾一切冲入敌阵，阵亡了。"

狼瞫很震撼："先元帅，你等着，我小狼也会和你一样勇敢。"

两年后，秦国进攻晋国，双方在彭衙相遇，狼瞫对下属说："各级贵族们，跟我一起去体验勇敢吧，冲啊。"

……

秦穆公面带沉痛，召集干部开会："大家各抒己见，说说我们为什么又被晋国人杀得大败？"

干部期期艾艾地说："领导，其实，其实您不用妄自菲薄，我们也不算大败。"

秦穆公奇怪地问："为什么？"

干部说："因为我们毕竟干掉了晋国最勇敢的人——狼瞫。"

秦穆公低头沉思，好一会儿，他重新抬起头来，道："听你们这么一说，我的心里好过些了。

我对勇敢的理解和你不一样

　　这天，齐顷公的老妈，史书上称之为萧同叔子的，感觉闷得慌。有宫女来报告她："太后，有外国使者来了，别提多好笑。"

　　萧同叔子说："有什么好笑，外国人也跟咱们一样，一个头，一张嘴，两个眼睛，两条腿。"

　　宫女说："太后，您这回可错了。据说这几个外国人，一个只有一只眼睛，一个只有一条好腿，一个的背是驼的，还有一个，头上一根毛都没有。"

　　太后来了兴趣："真的，那要去看看，天天坐在这里，闷也闷死了。"她打了个呵欠。

　　第二天，齐国的捕鱼台外事大厅，正在举行外交使节接见活动。按照国家大小和爵位高低，依次上台的是晋国使者郤克、鲁国使者季孙行父、卫国使者孙良夫、曹国使者公子首。在悠扬的迎宾乐中，他们相继上台，但眼前的一切让他们目瞪口呆。他们各自发现，齐国政府安排迎接他们的，是和他们一模一样的残疾人。独眼龙郤克眼睁睁看见一个同样的独眼龙向自己走过来，幽灵般地致辞："欢迎您，郤部长，今后的几天，就由我竭诚为您服务，有什么需要的，尽管提。我们齐国人自古以来，就是好客的。"

郤克差点没喷出血，大喊一声，我好你妈的客。这不明摆着欺负人吗？他左看右看，映入眼帘的秃子和秃子，驼子和驼子，跛子和跛子，成双成对，充满着一种荒谬的喜悦感，这他妈的难道真是在进行外交会谈？

他有点不知所措，寻思当场发脾气会不会有生命危险。死是没什么？作为贵族，怎么能怕死，但死在这里，未免有些滑稽。他正惶然，突然听见帘幕后有一阵阵尖细的笑声，像粗盐的颗粒一样。他循着声音找去，发现帷幕后隐隐现出几个妇女的身姿，其中一个穿着华丽，从年龄来看，应当就是齐国的太后萧同叔子。

独眼龙郤克提前离开了齐国，他叮嘱副使："你留在这儿，不把齐顷公忽悠去参加盟誓大会，别回来见

谁知道那独眼龙一个玩笑都开不起

173

我。"他孤独地西行，这一日走到黄河边上，一只悲怆的独眼凝视着黄河，突然吆喝随从："拿块白璧来，我要向河伯祭祷、发誓，如果不能洗刷这回的耻辱，以后就没脸见他。"

回到晋国，他就求见晋景公："领导，我请求伐齐。"

晋景公摇摇头："你的事，我听说了，个人受点委屈，算得了什么，怎么就想劳动一个国家为你打仗？"

郤克说："不是说，国家是由每一个具体的人组成的吗？爱每一个具体的人，才算是爱国家。最好的国家应该是，当它的国民在外面受了委屈，永远能向祖国那双强壮的臂膀寻求帮助。"

晋景公嗤笑了一声："这是什么谬论？说这话的人该杀，国家，是必要的恶，和爱，没有一文钱的关系……不要动不动就喊打喊杀的，你这把年纪，也该成熟点了。"

郤克气得鼓鼓的："那好，个人的事，不敢劳动国家。我带着私人家兵去打，总可以吧？"

晋景公还是摇头："那也不行，你郤克是晋国的高级官员，天下谁不知道？你要去打也可以，先辞职，再移民。换了国籍，你爱干啥就干啥。"

郤克的独眼顿时黯淡了，他嘟囔着："领导，他们欺负晋国的部长，就是不把您放在眼里。"

　　晋景公愣了一下："这句话倒是有道理……不过，咱们是霸主，要打，也要打个名正言顺，等待机会吧。"

　　三年后，卫国的孙良夫、鲁国的臧宣叔都跑到晋国哭诉，说齐国欺负了他们，请霸主出兵。晋景公说："郤克，机会来了，我给你八百乘兵车，你给我好好打。"

　　消息传到齐国，齐顷公告诉老妈："都怪您没有爱心，上次硬让我戏耍那几个残废取乐。我当时说了，其他的残废倒没什么，那个独眼龙残而不废，咱们惹不起，您看，现在祸事来了。"

　　萧同叔子委屈地说："搞什么搞，谁知道会这样？谁知道那独眼龙一个玩笑都开不起？"

谁知道那独眼龙一个玩笑都开不起

彬彬有礼的战争——鞌之战

　　由于独眼龙郤克在齐国遭受了侮辱，三年后，他终于找到了借口，带着几万大兵，来到了齐国，要求齐国给个说法，否则，他就要给齐国一个说法。

　　因为侮辱郤克的是齐国太后，没法找替罪羊，所以，齐顷公只能硬着头皮亲自迎战。双方军队在靡笄山下碰头。齐顷公首先派出使者，向晋国军营递了战书："尊敬的郤元帅：您不辞劳苦，带着军队来敝国做客，真是受委屈了。敝国的军费不怎么充足，只置办了一点不堪的装备，如蒙不弃，请明早来检阅一下如何？"话说得很含蓄、很贵族，就差主动给出场费了；实质上却柔中带刚，意思是，你要战，我便战。

　　郤克也是贵族，他的回答当然也谦虚谨慎："尊敬的齐顷公先生：我们晋国和鲁国、卫国是兄弟，他们日前来报告，说贵国一天到晚跑到他们国内撒气。敝国领导不忍心，派我们这些不中用的下属来请求贵国，高抬贵手，饶了他们吧。领导还再三叮嘱，别让咱们在贵国久待，办完事立刻回去。现在您既然发话，要求明早见面，我等求之不得。"话很客气，其实杀气腾腾。意思是，我大老远来教训你，就怕你当缩头乌龟。

齐顷公接到回复，当然很不高兴，他回信："寡人提议明早会晤，有幸得蒙许可，曷胜荣幸。其实，就算你们不许，寡人也不会放弃。"后面一句就不再假客气了，国君不能在敌国卿将面前丢份儿哪，毕竟地位有尊卑么。

第二天，两军在鞌地会面。齐顷公很有信心，说："同志们，我想干掉晋国人再吃早饭，怎么样？"话音刚落，他的马车就冲入了敌阵，连马的盔甲都没披上，真勇敢。既然领导身先士卒，还有什么好说的？齐国人士气高涨，争先恐后冲锋，双方合战，一时分不出胜负。

齐顷公的战车被晋国司马（师长）韩厥的战车死死咬住，韩厥亲自驾车，看来不把齐顷公弄回去不罢休。司机邴夏向齐顷公建议："领导，您箭法卓绝，还客气什么？射他们那司机，那家伙挺有名，号称君子。"

"什么，还亏你说得早。"齐顷公的弓拉得满满的，"晚一秒，我的箭就飞出去了。君子怎么能射？我齐顷公的箭只射小人。"他身体微侧，一支箭飞了出去，韩厥左边的甲士惨叫一声，跌出了车厢。车右惊恐地说："韩司马，原来齐顷公是神射手。"话刚说完，另一支箭已经穿透了他的身体，他咳嗽了一口血，倒在车厢内。

齐顷公满意地收起弓，对左右说："好啦，只剩下那君子啦，他忙着驾车，哪能分神抓我？交通规则也不允许。"

后边，光杆司机韩厥也很沮丧，突然一个声音传来："韩司马，我的车翻了，能不能搭您的车？"他叫綦毋张，是晋国的大夫。

当然好。綦毋张跳上车，韩厥一边驾车，一边用手肘撞击他："左右都不安全，站我后边，齐顷公好像不敢射我，真邪门，但这是事实。"他开足马力，低头专心致志驾车，继续追逐。突然，他看见前面的马车一个趔趄，停住了，原来齐顷公的骖马挂上了树枝。

这种好机会当然不会错过，韩厥追上去，跳下车，握着缰绳，捧着一壶酒，走到齐顷公面前（其实在韩厥专心低头驾车的时候，齐顷公和逢丑父已经互相换了位置），盘子里还加了一块玉璧，说："我们领导派人来为鲁国、卫国请求您的宽恕，下臣不幸，被选拔其中，既然穿上军装，不专心打仗，就对不起两边的君主。虽生性愚笨，在军中滥竽充数，却不敢逃避责任。"意思是，请让我俘虏你吧。

冒充逢丑父的齐顷公默默看着韩厥，心里暗暗夸赞：这人果然是个君子，抓俘虏还这样彬彬有礼，射死了可惜。

别碰上大义的老爸

公元前 719 年，两个身份高贵的傻瓜，欢天喜地跑去陈国进行国事访问。这两个傻瓜，一个是公子州吁，一个叫石厚。前者是当时的卫国国君，后者是他的宠臣。他们去陈国，是想通过陈桓公走点门路。因为州吁在年初做掉了自己的领导——卫桓公，自立为卫国国君，又担心名不正言不顺，决定觐见老大周平王，讨一张正式委任状，才能岁月静好，现世安稳。

但是陈国车站冷冷清清，看不到举着鲜花、夹道迎接的陈国群众，一个也没有。只出现了一群板着脸的陈国公安，他们扬出手铐："我们接到外交照会，现在应卫国人民的请求，逮捕你们，请在上面签字。"他递过一支笔，一张逮捕通知书。

我托着腮想了想，或许这是中国历史上第一次，一个国家元首在他国受审，他和他的宠臣被指控犯有谋杀领导罪，罪名成立，判处死刑。而控方出庭的就是石厚的老爸，卫国资深一级贵族石碏。

石碏的这种做法，《左传》作者非常赞赏，称之为"大义灭亲"，也因此成了风靡两千多年的成语，深深刻在中国人高尚的大脑沟回上。

可是我不大高尚，反有点同情石厚。因为，干脆直截了当地说罢，我就是对"大义灭亲"这高尚的玩意不认可。在这里，我要谈谈这件事情的始末。

话说州吁干掉自己的异母兄弟卫桓公后，急于想获得承认，让石厚出主意。石厚想起了自己亲爱的老爸，觉得他活了大把年纪，肯定政治经验丰富，跑去问："爸，州吁夺了君位，老百姓似乎不大满意呀，有什么办法解决不？"

面对儿子的真诚询问，石碏的回答却很不真诚："老百姓满意不满意，有什么关系？历史是贵族创造的，还是人民群众创造的？"

石厚小心翼翼地说："书上说，是人民群众创造的。"

石碏有点恨铁不成钢："错，老爸告诉你，历史就是贵族创造的，人民群众从来都是历史的局外人。州

别碰上大义的老爸

181

吁当国君，根本不需要老百姓满意，周天子满意就行了，你还是劝国君去朝见周王吧。"

石厚果然上套，说："可是没人引荐啊！"

石碏说："陈桓公现在正得周王宠信，不妨去他那儿走走路子。"

石厚欢天喜地地去了，他竟忘了，被州吁干掉的卫桓公，他的老妈叫戴妫，是陈桓公的姐姐或者妹妹，卫桓公应当叫陈桓公舅舅。他也不知道，慈爱的老爸目送他离去后，立刻关上门，拧亮台灯，铺开稿纸，郑重写了一封信："陈桓公同志您好：好久不见，州吁和石厚杀了我们领导卫桓公，我老了，干不动他们了，希望您能秉持正义，代劳一下。石碏亲笔。"

由于古代没有标点符号，我在此做一回历史侦探，我认为，在"我们领导卫桓公"后面肯定有个我们今天常用的省略号，省略的句子，我认为是这样一句话：

> 也就是你们陈国的外孙，您不打算为他报仇吗？

这个重要句子肯定是《左传》的作者故意省略的，因为加上这句，就显得陈桓公有点公报私仇了，正义性起码要打五折，怎么去教育人民？

总之，在亲爱的老爸导演下，石厚和他的主君不知不觉成了拙劣的演员。尤为可气的是，州吁还是这部犯罪片的投资人，而石厚算什么呢？我不熟悉影视规则，估计算制片人吧。他们两个花着自己的钱，把自己送进了坟墓。

这个故事告诉我们，生长在贵族家庭固然幸福，但千万别碰上一个过分正义的老爸；被卑鄙的朋友出卖固然可怜，但被正义的老爸出卖则有点可悲。

别碰上大义的老爸

乌龟壳是惹不起的

正是柳绿莺啼的季节，这天，鲁文公收到一个情报，说是宿敌齐懿公已经制定了计划，准备在这年的秋天，来"帮助"鲁国收割麦子。情报上记载的原话很嚣张："我齐懿公难道贪图他鲁国那点麦子？齐国这么富饶，什么宝贝没有？我就是看鲁文公那家伙不惯，就是想给他点颜色瞧瞧。"

看自己不惯，这倒是真的。鲁文公心潮起伏，回想了这些年来跟齐懿公的恩恩怨怨，其实也没多大的事，主要是那家伙心胸狭窄。话说鲁国有位公主是齐国上一任领导齐昭公的老婆，齐昭公死后，他弟弟商人干掉侄子，自己继位，成了齐懿公。对这件事，鲁国力量小，没有办法，必须认命。只是曾通过周匡王说情，想求齐懿公放寡居的公主叔姬回国。谁知那家伙认为这是鲁国故意借周王来压他，从此结下仇怨。
仗已经打过几回，和约签了几次，没多久齐国就毁约，
真没办法。

鲁文公心中气苦："齐国怎么出这么个王八蛋领
导，完全不按常理出牌呀？"

公子遂安慰他："别难过，领导，前不久我出使齐
国，和那家伙见面，发现他说话都有气无力，依我看，
他病得不轻，活不到咱麦子成熟了。"

鲁文公破涕为笑："啊，真的？这可太好了。"他
搓着手，在屋里走来走去，"那谁，快，张罗一下，
把宝龟请出来，占一卦，问问那人是否真的活不到
麦熟。"

手下很快把宝龟奉上，沐浴更衣完毕，开始占卜。
按照程序，首先是"命龟"，也就是把想提的问题告诉
龟壳。命龟的人叫叔仲惠伯，是政治局常委之一。他
恭恭敬敬地问："齐懿公会在今年麦熟之前死掉吧？"

噼里啪啦，乌龟壳在炽热的尖木棍烧灼下，迸裂
开来，一条清晰的兆纹出现了。鲁国国家研究院神学
研究所所长、占卜学权威、博士生导师楚丘教授亲自
给乌龟壳会诊，他仔细端详了一番兆纹，突然摘下眼
镜，沉重叹了口气。

乌龟壳是惹不起的

185

鲁文公一惊："怎么？难道那王八蛋病得不重？难道我鲁国如此命苦？"

楚丘教授摇摇头。"领导，不是这样，您看这条大兆纹，线条很粗野，"他以一种消化科医生观察胃镜的语气，"再看这条小的……可以这么说，那家伙一定死在麦熟之前。"

鲁文公大喜："太好了，这就是报应。咦，楚教授，你的脸色那么凝重？有话直说，什么，我承不承受得起？我是领导，必须承受得起……"

楚丘叹了口气："好吧，我说，我们不会损失一粒麦子，但我们会损失您，您看，这条兆纹显示，您会在那家伙之前去世。"

鲁文公一屁股跌落在席子上，两眼发直。叔仲惠伯赶紧去劝："领导，领导，您一定没事，乌龟壳也不一定准的。"他抬头看着楚丘："教授，请您告诉领导，乌龟壳不一定准，甚至有时一定不准。"

楚丘望着叔仲惠伯，严肃地说："对不起，叔仲惠伯同志，请相信巫术！巫术是科学，不信科学，还占什么卜？我经手的乌龟壳，从来都很准。还有，您也来看看这条兆纹，它很不一般。"

叔仲惠伯把脑袋凑过去，迷惑地说："我看不明白，有什么不对？"

楚丘胸有成竹地说："它显示命龟人也有灾祸。也就是说，您也……"

叔仲惠伯也跌落在椅子上。

没过多久，二月，郁郁不乐的鲁文公死了。夏天，病快快的齐懿公被自己的司机和保镖割去了脑袋。十月，生龙活虎的叔仲惠伯死于国内叛乱，尸体被凶手拌进了马粪。

这天，几个博士生捧着一摞报纸，走进研究室。楚丘教授正在埋头工作，他身前堆着一摞厚厚的龟壳。博士生把报纸伸过去，崇敬地说："楚教授，您真的很厉害，每件事都被您说中了。"

楚丘抬起头，凝重地说："我不会贪龟壳之功以为己力。从教几十年，我只有一条心得：乌龟壳是惹不起的，没事别去问它问题。"

你们用不着移民

很久很久以前，有一个国家叫陈国。在这个国家，有个贵族叫御叔，他从临近的郑国娶了一位美丽的公主，公主的名字叫夏姬。

夏姬是当时天下最美丽的女孩，她的眉毛像远山一样蜿蜒，她的脸庞像月光一样皎洁，她的眼睛像秋潭一样澄澈，她的腰肢像杨柳一样婀娜。可是不幸的是，她的丈夫早早就去世了，留下一个孤独的男孩子，叫夏征舒。

年纪轻轻就寡居，这多么不幸。好在上天没有辜负夏姬，给她一口气又送来了三位情郎。这三位情郎个个都比她的亡夫身份高贵，一个，就是这个国家的国王，叫陈灵公。另外两个，一叫孔宁，一叫仪行父，爵为上卿，执掌国秉。

为了解决夏姬寡居的寂寞，陈灵公、孔宁、仪行父经常单独去夏姬家拜访，夏姬脸上绽开了久违的笑容，好久她都没有这么快乐过了。后来，三个男人逐渐知道，自己不是唯一去陪伴夏姬的男人，但是他们互相之间没有一点嫉妒。尤其是国王陈灵公，他没有仗着自己地位高些，就呵斥其他两位："你们，不许再去了，夏姬是我一个人的。"他们个个都很大度，都奉行"独乐乐，不如与人乐乐"的高贵准则。

有一天，他们干脆都穿着夏姬的内衣，在办公大厅展示起来。"你看，这是夏姬给我的，她最新的亵衣。"他们每个人都这么说，然后，他们又都开心地笑了起来，办公室充满着欢乐的气氛。

有一个官员叫作泄冶的，他实在看不下去了，私下里对陈灵公说："领导，您身为国王，是百姓的表率，如此公然和属下的遗孀通奸，传出去不好听啊。"

陈灵公也有点不好意思："是，我改。"但他转身就把这事告诉了孔宁和仪行父。两个人一听，都挽起袖子，义愤填膺："泄冶可恶，敢对领导不敬，请允许我们宰了他。"陈灵公不置可否："别说这些不开心的事，喝酒。"那两人相互对视，露出心照不宣的笑容。回家后，他们立刻闯到泄冶家，把泄冶粗暴杀死在院子里。从此以后，国内再也没人敢说他们的闲话了。

这天，君臣三人相约，一起去夏姬家饮酒作乐。夏姬的孩子夏征舒这时已经发育成熟，他躲在房子后面，聆听堂上的欢笑。他听见陈灵公兴高采烈："哎，老孔，我怎么觉得，夏征舒长得很像你呀？看来，夏姬公主当初一嫁到我们陈国，就被你……"孔宁也笑："领导，臣觉得，夏征舒的眉眼更像您一些，只怕是您享用了她的初夜。"堂上响起一阵淫荡的笑声。

夏征舒气得手指发抖，他再也不想忍下去了，这是对自己亡父的极大侮辱。他暗暗召集了家兵，埋伏在院子里。酒阑歌散，陈灵公打着酒嗝，心满意足地出来，突然一阵风声掠过，他的脖子上插上了一支羽箭。他看见夏征舒站在马厩里，握着弓，惊恐地看着他。他叹了口气，倒在台阶上，死了。

跟在后面的孔宁和仪行父见势不妙，赶紧拉开后门，回家收拾收拾，一溜烟跑到了楚国。

楚庄王亲切接见了两根淫棍，问："你们想移民我国，为什么？我们这，薪水可给得不高。"

两人说："因为我们的祖国已经沦陷了，夏征舒那恶人搞政变，已经杀了我们的国君。"

楚庄王来了精神："这样，我马上出兵主持正义，你们用不着移民。"

两人惊喜:"君王,您的意思是,肯帮我们光复祖国?我们还能回去?"

楚庄王摇摇头:"我的意思是,如果陈国变成了楚国的一个州,你们哪里用得着移民。"

你们用不着移民

我同意恢复陈国

听说夏征舒为了家族荣誉，干掉了和自己母亲通奸的陈灵公，楚庄王很高兴："陈国，一直趴在我们国家的北边，严重阻挡了寡人的视线，是时候解决这个历史遗留问题了。"

他立刻发兵，带着一系列仆从国和联盟国，围住了陈国。为了和平解决陈国问题，他站在巢车上，对城内的人进行了演讲。他说：

陈国的父老乡亲们，你们好：

今天，为了正义，我楚庄王不辞辛苦，来到了这里。我听说夏征舒杀掉了你们的领导，这种罪恶行径，在任何一个国家都是不可容忍的。领导有了错误，可以提意见，可以写报告，可以发表杂文，甚至还可以通过正当的组织程序，对领导进行规劝。但是，绝不能随随便便就把领导杀了，做人，不能凶残到这地步。我楚庄王实在看不下去，在得到你们的执政孔宁、仪行父的邀请后，我饭也没顾上吃，就带着兵来了。大家放心，只要捉住夏征舒，我的兵秋毫不犯。不多说了，何去何从，请你们自己考虑。

陈国果然立刻崩溃。楚庄王带着大兵进了城，把夏征舒五马分尸，几块原本是一起的肉体组织，现在互不搭理地挂在陈国城门栗门上，随风飘摇，悠然自得。进进出出的陈国人抬起眼皮就能看见，同时看见的还有城门口新张贴的公告，落款是大楚人民政府。归纳其大意，就是：亲爱的本地人民，恭喜你们，现在，你们已经荣幸地成为超级大国楚国的子民了。以后办护照，国籍一栏要填楚国，籍贯一栏要填陈县。如果你在外遇到什么委屈，祖国将会不遗余力地保护你。

有些很爱国的陈国人私下里骂骂咧咧，什么吊民伐罪，原来就是借机侵略嘛。但这些楚庄王听不到，他正在宫中接受群臣朝贺，群臣的话是那么悦耳："大

我同意恢复陈国

王，您真伟大，先王一直想把这块地抢过来，只有您做到了。您不愧为春秋五霸之一。"

楚庄王很得意，但他对大夫申叔时有点不高兴："叔时同志，今天，我的两只耳朵像酒杯一样，被祝贺的琼浆灌满了，只有你一个人什么也没说，我需要一点解释。"

申叔时说："我能够骂娘吗？"

楚庄王笑："不光骂娘，什么都可以说。不过，我觉得文明地讲道理更好。"

申叔时不好意思："其实，在允许讲道理的国家，谁也不喜欢骂娘。我给您讲个故事，从前有一个人，他牵着一头牛经过稻田，把稻苗踏得七零八落。稻田的主人大怒，上前一拳把牵牛人打倒，抢过缰绳，说，滚，现在牛是我的。您觉得这样做对吗？"

楚庄王沉默了一下："你的意思，我就是那个稻田主人，夏征舒就是牵牛人，陈国就是那头牛？我杀夏征舒，很好，很正义；但抢他的牛，就太贪婪了，是不是？"

申叔时说："大王，您很聪明，不愧是春秋五霸之一。"

楚庄王说："少来这套，先王当年消灭了申国和息

194

国，现在它们成了楚国的两个县，两国人民都成了楚国人，也没见他们有什么不满。凭什么我就不可以消灭陈国？"

申叔时说："可是先王一开始并没有对申、息两国人民讲演，说我是来吊民伐罪的。"

楚庄王低下头："嗯，早知道我就不该过那把嘴瘾。好吧，我同意恢复陈国，把这个历史问题留给下一代解决。"

一百多年后，孔子看到了这个故事，他夸奖说："贤哉楚庄王，轻千乘之国而重一言。"意思是说，楚庄王真伟大呀，为了一句正义的劝谏，情愿放弃对一个国家的占有。我想了一下，不得不承认，孔子这家伙很会表扬人，不愧是当老师的料。我没法跟他比，我想说的却是：在那个时代，像陈国那样的小国实在太可怜了，它们的生死存亡，完全取决于大国君臣的谈笑之间。

我同意恢复陈国

公元前598年，楚庄王带兵讨伐陈国，干掉了弑君者夏征舒，开始分配战利品。

楚庄王高屋建瓴地说："战争，无非是为了金钱美女。金钱，我一向不缺。美女，却永远是稀有资源，那夏姬，我要了。"

在旁的申公巫臣顿如晴天霹雳，赶紧劝："君王，您可是吊民伐罪来的，抢美女，传出去不好听。再说了，美女祸国，好色伤身。于公于私，您都不该这么做。"

楚庄王从善如流："也对，我可是春秋五霸，不能晚节不保。"

司马子反呵呵手："这鬼天气，真冷。哎，君王不要，这就轮到我了，小的们，给我把美女迎回家，好生洗刷刷洗刷刷。今晚，我就做新郎。"

巫臣又赶紧跑到子反身边："老反兄，要不得呀。这女人不祥，她才三十多，因她而死的贵族就有四个，陈国也因此亡了。这人，你吃得消吗？人生苦短，你总不能因为她，也招来祸事吧？咱楚国美女这么多，又不是非她不可。"

子反憨厚地笑笑："嘿嘿，也是，我真是喝多了。"他醉醺醺地走了。

连尹襄老过来了："那么就该我挑了，这美女，我要。"他看着申公巫臣，"老巫，甭劝我，出什么事我都不后悔。人生苦短，就该及时行乐。"

申公巫臣的脸色顿时伸手不见五指。

当晚，连尹襄老和夏姬成婚，尽情享受着鱼水之欢。但好景不长，战争爆发了。作为一个贵族，襄老必须亲自上阵，保卫祖国。

楚国人和晋国人在两棠展开了激战，楚国笑到了最后，但连尹襄老没有看到，他死在了晋国司马荀首的神箭之下。在倒下的那一刻，他吐了一口血，血里面夹杂着含糊不清的几个字："人生苦短，我襄老不亏。"夏姬再次变成了寡妇。

办完丧事不久，一个月光皎洁的晚上，襄老的儿子黑腰，嬉皮笑脸地爬上了继母的床："小妈，要不，今晚咱一块睡？您这床，空着也是空着。"

继母嫣然一笑："你这死鬼，你爹才死多久，就这么急不可耐……不过，奴家难道怕你不成。"两个人立刻像井绳和辘轳一样绞在了一起。而在同一个城市，申公巫臣的心在滴血。

好景继续不长，几年后，黑腰一命呜呼。夏姬重返春闺寂寞，这天她正倚栏伤春，突然侍女送来一封秘密书信，她用纤纤玉指打开，上面写着：

最最亲爱的夏姬，您好：

很早就爱上了您，快十年了，一点没变色。为了您，我什么都可以做。听说您终于又单身，如果您愿意嫁我，就按附件办。吻您的脚趾。

您最忠实的仆人　申公巫臣

夏姬的粉脸上滴下泪来，在自己身上折腾过的男人不少，但谁会称呼自己为"您"？谁肯吻自己的脚趾？谁愿在自己面前自称"仆人"？她哭得梨花带雨，打开菱花镜，端详着镜中残存的荡漾青春。是的，时光只解催人老，要赶紧行动。她对自己说。

第二天，楚庄王问申公巫臣："夏姬给寡人打报告，说晋国通过郑国递话，愿意归还连尹襄老的尸体，她想去郑国收敛亡夫。你觉得消息可靠吗？"

巫臣说："不能再可靠了。那场战争，我们俘获了荀罃，现在他老爸荀首当上中军佐，成了晋国政治局常委的第二号人物，有权力影响外交政策。我认为他们想以此交换，赎回荀罃。"

夏姬很快接到了盖好印的出国旅行护照，她对送行的说："得不到亡夫的尸体，我绝不回来。"她一回到阔别的祖国，就看到了申公巫臣的聘礼，致送人叮嘱夏姬："这门婚事就算订下了，但千万千万，请您暂时别声张，巫臣先生要等机会，才能来这儿和您相会。"

秋去春来，这一等又是三年，楚庄王都死了。巫臣终于逮着一个机会，去齐国出差，归途中他把后续事交代给了副手，一溜烟奔去了郑国，和夏姬夫妻团聚。夏姬看着眼前风尘仆仆的男人，有点信不过自己的眼睛，她热泪盈眶："难道为了我，您竟然叛国了？您可是楚国的王族出身，一个世世代代都高贵的贵族。"

巫臣也泣不成声："我巫臣首先是一个人，然后才是一个楚国人，最后才是一个楚国贵族。我最盼望的，就是和您在一起，那才是人过的日子。"

我最盼望的，就是跟您在一起

199

这天，郑国派出了一支部队，要去征讨许国，司令官是贵族子良。

许国人很奇怪，怎么回事？为啥好端端来打我，咱们不是被同一个大哥楚国罩着吗？

郑国的看法有所不同，一个大哥罩着，也得分大小。我郑国好歹是中等发达国家，侯爵；你许国只有芝麻那么大，男爵。你说，怎么跟我平起平坐？打你，是不是理所当然？

他们抢了几块肥田走了。第二年冬天，郑国贵族公孙申说："看来许国挺好说话，我也想去弄点好处。"他带着大兵走到展陂，却碰到了许国自卫军，一场激战，公孙申带着残兵落荒而逃。

这时郑襄公刚死，新君郑悼公血气方刚："好你个许国，敬酒不吃吃罚酒。"他亲自挂帅，再次赶到许国，刚夺取了鉏任、泠敦两块肥田，沾沾自喜，抬眼一望，远处来了一支庞大的军队，旗帜上写着大大的"晋"字。

这算怎么回事？我们兄弟阋于墙，晋国来掺和什么？郑悼公知道没道理可讲，赶紧派人向楚国求救。

在楚国大兵的压力下，晋国人撤退了。楚国主帅子反虎着脸，召见郑悼公和许灵公："大老远的，害我们跑一趟。各抒己见吧，为什么打？"但他显然智商不高，被两造双方七嘴八舌搞得有些糊涂，抓抓头："哎，我子反能力不够，你们能不能去我国，亲自面对我们领导辩论？"

郑悼公自知理亏，不打算去。但半年后，他接到一份特快专递，撕开信封，一份传票掉了出来：

大楚最高人民法院

传票

案由：许灵公起诉

卷号：楚共王五年

甲字 第 001 号

悲愤的郑悼公

被传唤人姓名：郑悼公

单位或住址：郑国中央军事委员会　新郑

被传事由：侵犯许国领土

应到时间：楚共王五年六月十五日上午九时

应到地点：郢都大楚最高人民法庭（人民中

路 11 号）

签发人：楚共王

送达人：顺风快递公司　小马

郑悼公把传票狠狠摔在炕上："还给老子来真的了。"

但不敢不去。他带着皇戌、子国几个亲信到了楚国，几轮辩论下来，楚国最高法庭宣布："被告郑悼公目无霸主，擅自侵略许国，罪名成立，当庭扣押，等候判决。"

郑悼公尖叫起来："庭上，我不服。虽然我侵略了许国，但这究竟是内部矛盾。而许国却去晋国搬救兵，这是里通外国。难道咱们的事不能咱们自己解决，非要让外国大兵介入吗？"

楚共王鹰隼般的目光移向了许灵公。许灵公吓得发抖："这是污蔑，我没有请晋国人，是他们自己闻声来的……其实是他，把内部矛盾，发展成了国际纠纷，造成新一轮冷战。"他一根义正词严的手指指向了郑悼公。

郑悼公脑袋垂了下来，他找了个借口，扔下皇戍、子国，回到了郑国。咕嘟咕嘟喝完了满满一壶水后，他指示公子偃："赶紧去晋国，说我愿意投靠他们。天杀的楚国佬，南方野蛮猴子，老子不陪你们玩了。"

接下来几个月，郑悼公一口气和晋国特使在垂棘和虫牢盟会了两次，宣布倒向晋国，并决定要当面答谢晋景公。

两国国君会盟时刻到了。郑悼公脚步急促，晋景公脚步舒缓，他们欢快地交换了玉璧。但在旁边观礼的晋国大夫士贞伯摇摇头，嗤笑了一声："惨喽。按说呀，两国国君交换玉璧，应该在两楹之间。双方脚步均匀，同时走到目的地。可这郑悼公呐，胁肩谄笑，抢步到了东楹以东，太不自重啦。你不自重，死神还看重你? 命不久矣!"

半年后，郑悼公果然死了。临死前，他听到了士贞伯的评论，气得破口大骂："老子不自重，还不是被你们逼的。老子不就是国家小点吗? 没有你们这帮低素质的东西轮流到我家来耍流氓，老子比谁都懂得爱惜自己。"

悲愤的郑悼公

人情是不会被战争完全消灭的

　　两棠之战，楚国人彻底羞辱了晋国人，挟着余威，楚庄王顺势进攻萧国。

　　萧国是宋国的附庸国，一听到消息，宋国贵族华椒就带着蔡国军队赶去救援，在冲突中，萧国这边捉住了楚国贵族熊相宜僚和公子丙，都是楚庄王的宠臣。楚庄王急了："别杀他们，我退兵，退兵还不行吗？"

　　然而遭到了拒绝，萧国人果断地处决了两个俘虏，他们的如意算盘是，眼看就是十二月了，你们楚国人连冬衣都没带，寒潮一下，再不退兵，看不冻死你们。

　　应该说，他们的算盘打得很好。楚国贵族申公巫臣首先急了，他劝楚庄王："您是领袖，去检阅一下士兵吧，兄弟们都快挺不下去了。"

　　楚庄王二话不说，跳上车就去了军营，马车缓缓行驶。在凛冽的寒风中，楚庄王亲切地招手："同志们好，同志们辛苦了。"

士兵们惊呆了，领袖真体贴，他们个个好像加了一件新棉袄，齐声道："领导好，领导辛苦了。"

回到自己的营帐，楚庄王说："快，貂皮大衣，冻死我了……士气不错，就这么定了，不拿下萧国，咱不回家。"

围城战紧锣密鼓进行着，眼看萧国挺不过明天。楚国大夫申叔展轻松地在帐篷里烤火，同事司马卯进来了："喂，老申，外面有人找你。"

申叔展说："找什么找，这么冷的天，叫他进来。"

司马卯说："只怕来不了，是还无社那家伙。"

申叔展道："是他！咱俩都跟他有点交情，虽然他是萧国人，咱们却不能置之不理，战争，也是要讲人性的，你说呢？"

司马卯说："嗯，救死扶伤，应该。不过，现在萧国是敌国，只能隔着城墙和他交流，怎么救？咱们倒没啥，弄不好，他就会死在自己人手上，里通外国。"

申叔展说："这就是他不直接向你求救的原因，看我的。"

两个人走出去，望见还无社蜷在城墙上簌簌发抖，

人情是不会被战争完全消灭的

看见申叔展，他眼中闪出一缕希望的光芒，但又紧张地望望左右。申叔展笑了笑，问他："喂，还无社，你有酿酒用的酒曲吗？"

还无社迷茫地说："没。"

申叔展说："那，山鞠穷总有吧？"

还无社还是很迷茫地说："也没。"

申叔展对司马卯说："糟了，碰到一笨蛋。"

司马卯不好意思地说："老申，知道你智商高，其实我也不懂，你解释解释？"

申叔展说："哦，酒曲和山鞠穷都是御湿的药，我的意思是，让他今晚赶紧躲在泥塘里，等我救援。躲泥塘，肯定会得湿病，那时，就用得着这两味药了。"

司马卯说："中医太玄乎，不是每个人都懂的，你还是说得更显豁些吧。"

申叔展点点头，仰头大叫："黄河里的鱼，如果烂了肚子，怎么办？"

还无社这回明白了，气候潮湿的时候，鱼会烂肚子，他这是劝我逃到低洼处，等待营救呀，于是赶紧回答："注意你看到的枯井。"

申叔展点点头："我认为，井上应该有一根草绳。"

旁边的人都听得莫名其妙，但两人心照不宣。第二天，楚军攻破了城墙，申叔展在乱军中奔驰，寻找枯井，终于发现其中一口枯井上赫然挂着草绳，他跑过去，对着井口大声嚎叫："喂，有能喘气的吗？应一声。"

枯井里传来还无社虚弱的声音："老申，是我。哎，大家都醒醒，都醒醒，咱们有救了。我早说过，我这位外国朋友是不会骗我的，人性，是不会被战争完全消灭的。"

申叔展嗤笑了一声："别宏大叙事了。我认为，只有发生战争，你才知道，有个外国朋友有多重要。"

人情是不会被战争完全消灭的

原来咱俩是苦命兄弟　　⬤

邴歜同志的爹，史书上没留下名字，他在坟墓里一定很后悔，不该跟当年的公子商人，现在的齐懿公较劲。那年，商人看上了他的一块田，他硬是不给，心里也没当一回事：你又不是太子，你老妈的娘家是密国，指甲盖那么大的地方，没能力扶你上位，我怕你？

很快他就把这件事忘了，后来又到了合适的年龄，舒舒服服地死了。

但事情就是这么神奇。齐桓公死后，几个儿子抢领导座位，打打杀杀。公子无诡先抢到座位，过了三个月瘾，被杀；太子昭顶替，享国十年，挂了；公子潘杀其子自立，在位十九年，死了。儿子吕舍还小，公子商人如法炮制，干掉吕舍，自己即位，成了齐懿公。

邴歜这下倒霉了，老爹虽然已死，麻烦还是摆不脱。齐懿公亲自率领一个施工队，来到邴歜爹坟上，轰隆隆掘了个底朝天。尸骨还完好，毕竟是贵族，棺材几层，密封效果不错。齐懿公满意地说："把这老家伙的腿给我剁下，不识相，竟敢跟我争田。"

法官读完起诉书，正式宣判：邴歜之爹生前对领导大不敬，现根据刑法第三十二条第七款，判处邴歜之爹刖刑，立刻执行。狱卒跑上去，一个按住尸体的头，一个抬起尸体的腿，另两个一边一个，拉动锯子来回嘶嘶地锯。邴歜眼睁睁看着老爹的腿被卸下，还好，总算没听到哭号，心里安稳些。

齐懿公意犹未尽，对邴歜说："从今天起，罚你给我当司机。"

那时的马车一般坐三人，除领导和司机外，还有个贴身保镖，叫车右。齐懿公这人太幽默，他给自己选的车右叫阎职。名字很普通，老婆却很漂亮。齐懿公忍不住，早把她据为己有了。霸占一个人的老婆，又把这个人收为贴身保镖，如此幽默的领导，在中国不多。

在齐懿公这位豪气干云的领导面前，邴歜和阎职

原来咱俩是苦命兄弟

好像并没觉得事情有什么不妥，直到那年夏天，他们在泳池进行了一番心灵交流。

那是夏历五月的一天，天气非常炎热。齐懿公感觉酷暑难耐，于是摆驾国都西门——申门。那儿有一个大泳池，叫申池。侍候完领导后，司机邴歜、保镖阎职也恹恹地滑进了泳池，准备凉快凉快。两人不知怎么起了冲突，邴歜很敬业，马鞭不离身，顺手就抽了阎职一鞭。阎职怒了，还没等他跳起来，邴歜意味深长地嘲笑他："你丫还有血性？老婆被领导长期征用，没见你放个屁。打你一下，嚎个啥？"

原来是这样，阎职平静下来了，反唇相讥："你丫好！爹都死多年了，还被人挖出来，免费做了个外科手术，福利不错。这么光彩的事，家谱上总得记上那么一笔吧？"

邴歜做出一副被雷击了的样子，呆了半晌，突然扔掉马鞭，上前一把握住阎职的双手："同志，咱俩是苦命兄弟呀，都是被侮辱和被损害的，怎能手足相残？"

阎职也悟到了，他紧紧反握邴歜："咱们应该同仇敌忾，干掉那个混蛋。"他的脸往齐懿公睡觉的卧室一侧，大眼眶中泪光闪闪。

其实邴歜就等他这句话。这种事，一个人干不行。他说："阎职兄弟，我全都听你的。"好像他甘做绿叶，视对方为红花。

两个人水淋淋地从泳池爬出来，衣服也懒得穿，赤条条进了齐懿公的卧室，扔下一路的水渍。中年豪爽幽默男齐懿公还在梦中，霎时魂归天国。俩兄弟把尸体抬出来，扔到泳池旁边的竹林里。"不给这家伙挖坑了，他不配。竹林密，半晌也暴露不了。"他们吐口唾沫，驾上车回到家，跑进祖庙，献上一杯酒哭祭："祖宗哎，俺今天终于给你们争气了。"

之后怎么办？还能怎么办。祖国肯定待不下去，他们利索地收拾好细软，在公安干警赶到之前，含着热泪逃离了家乡。

读完这个故事，齐懿公的鬼魂感慨地说："从这次的死，我得出一个教训：做领导的，侮辱下属的爹，霸占下属的老婆，都不要紧。但千万不能提供机会让他们相互交流，这一交流，民智就开了，后果就严重了。"

原来咱俩是苦命兄弟

解扬的两种命运

公元前 594 年，楚庄王带着兵围住了宋国。宋国赶紧派人去向老大晋国求救。

晋景公说："难道咱们又得和楚国硬磕一次？"他望望左右，寻求意见。

大夫伯宗说："千万别，三年前，咱们在两棠和他们打了一次，一败涂地，至今心慌意乱。这次，还是装乌龟算了。"

马上有人反对："这叫什么话？装乌龟？伯宗同志，胜败乃兵家常事，怎么能一次败阵，就畏敌如虎。往小了说，你是投降主义；往大了说，你这是逆向种族主义？"

伯宗赶紧辩护："不不，我不是投降主义，更不是逆向种族主义。主和主战，要看实力，咱们新败，实在无能为力呀。"他望望其他常委，个个都面面相觑，默不作声。

好在晋景公还算明智："寡人认为，伯宗同志说得有道理，俗话说，美玉匿瑕，国君含垢。主战，听起来心情很爽，打败了谁负责？咱们晋国是霸主，输不起第二次。当然，咱也不能让宋国寒心，说我这个老大不管它。这样吧，派个人去，骗骗宋国人，说援军随后就到，千万别投降。楚国久攻不下，粮草不济，就会退兵了。"

十几天后，楚庄王接见了五花大绑的晋国大夫解扬："嚯，很面熟啊，别来无恙乎？"

解扬有点不好意思，因为十五年前，他就当过楚国俘虏："还好，我这次来，是奉我们领导的命令，告诉宋国，要坚守城池，救兵很快就到。"

楚庄王沉思了一下："这样吧，小解，要不咱们做个交易，你告诉宋国人，说晋国没能力发兵……多少钱，你开个价。"

解扬摇摇头："这样，不大好吧。"

楚庄王说："不答应，马上宰你，考虑考虑。"

解扬答应了，他登上楼车，清清嗓子，对着城里扯着脖子大喊："喂，我是晋国大夫解扬。我们国君已

解扬的两种命运

213

经发下动员令，将悉起国内兵救你们，请你们再坚持几天。面包会有的，一切都会有的……"

当然，他被粗暴地拖了下去，楚庄王气愤地说："说话等于放屁是吧？耍我玩？走，躺砧板上去，你自己找死，别怪我没警告。"

解扬脖子一梗："哎，我说君王，您懂不懂贵族规矩？我听说，当臣子的，奉行君主的命令，叫守信用。为了守信用，允许耍点小诡计。另外，从道义上讲，就同一件事，人不能二信。我答应我们君主在先，您要是懂道理，就不该对我行贿，引诱我再次守信用。作为一个贵族，我能那么做吗？死也不能啊。您要杀便杀，只怕让天下人耻笑。"

《左传》里写，楚庄王听到这里，有点惭愧，说："有道理，我错了，我这就准备礼物，派车送您回国。"

但我想，史书的记载总是不那么客观的，也许还有另外一个结局。

解扬说："哎，我说君王，您懂不懂贵族规矩？我听说，当臣子的，奉行君主的命令，叫守信用。为了守信用，允许耍点小诡计。另外，从道义上讲，就同一件事，人不能二信。我答应我们君主在先，您要是懂道理，就不该对我行贿，引诱我再次守信用。作为一个贵族，我能那么做吗？死也不能啊。您要杀便杀，只怕让天下人耻笑。"

说完，他注目楚庄王，等待他内心升腾起贵族的崇高景仰，把自己放了，还不忘送点礼物。

但是楚庄王没有，他大笑："我说小解，你还真别跟我来这套。什么守信义呀，什么贵族操守哇，你扪心自问，你们家晋景公配吗？你配吗？你欺骗人家宋国说来救兵，其实三年前被我打怕了，现在一个兵也派不来，像你这样睁着眼睛扯谎，也配称信义？母猪都会笑得从树上栽下来。"

他吩咐："来人，把这个睁着眼睛扯谎的骗子给我拉下去，砍了。"

解扬的两种命运

因为美女夏姬，楚国贵族申公巫臣悍然叛变，夫妻双双移民晋国。申公巫臣成了晋国大夫，准备踏踏实实过日子。可是坏消息接连传来：不好了，司马子反劝楚王买通晋国驱逐您。不好了，令尹子重联合司马子反，杀死了您的族人子阎、子荡。不好了，子重侵吞了子阎的所有家产，沈尹和王子罢瓜分了子荡的家产。

巫臣气得咬牙切齿："该死的子重、子反，等着瞧，老子一定要让你们疲于奔命，后半生没有一点生活质量。"

他去见晋景公："领导，要干赢楚国，必须联合吴国，请派我为联络员，出使吴国。"

晋景公当然愿意，不能白白养着这个楚奸。在巫臣的努力下，吴国开始登上春秋时期的政治舞台。

这天，申公巫臣又去出使吴国，路上经过莒国，和莒国国君渠丘公在一个池塘边会晤。两个人绕着湖一边散步，一边亲切交谈。申公巫臣望着潋滟的湖光，若有所思："渠丘公先生，江山如此多娇，但是，您的城墙似乎要塌了，何不修缮一下？"

渠丘公爽朗地大笑："修它干什么？城墙坚固，是防备强盗打劫。我们莒国穷山恶水，一穷二白，谁感兴趣？不如保持这残缺之美。"他神往地望着风景。

申公巫臣哦了一声："这样，我以为当领导的，都喜欢搞基建——不过，再破的江山，也总会有人感兴趣的。况且，山水无善恶，这世上恶的是人。"他的眼眶里突然浸满了泪水，大概想起了子重和子反。

渠丘公又爽朗地大笑："是么，我倒想看看，谁会这么无聊。"

第二年秋天，楚国令尹子重带着大兵进攻陈国，他看见远处有一片衰败的城墙，忍不住发问："那是什么地方？莫非海市蜃楼。"

手下说："不，那是莒国，当今天下最不发达的国家，文盲率很高，大多不懂听说读写。"

子重说："我倒想去参观。"

楚军进入莒国，先围住了渠丘城，脆弱的城墙轰

他们难道是拣垃圾的

然倒塌。渠丘公逃奔莒城。莒城城墙的神经也一样敏感，眨眼崩溃。楚国人涌入莒城，寻找渠丘公。渠丘公早已跑到郓城，但郓城的墙壁也并非久经考验。就这样，一天之内，楚国人占领了莒国三座重镇。

第二天，逃亡在外的渠丘公，吃着野菜，怅惘地翻阅一份《齐鲁早报》，头版是署名为"君子曰"的社论，题目为《以莒国的遭遇为血泪教训》，社论洋洋洒洒，说莒国仗着自己穷，没人觊觎，忽视军备，导致被楚国一天攻破三个大都市，最后引用《诗经》"虽有丝麻，无弃菅蒯。虽有姬姜，无弃蕉萃"几句诗，指出要搞好纺织，不能因为有了丝麻这种上等原料，就不储备菅蒯那种粗糙的纺织原料；要做个好男人，不能因为有了姬姜这种美女，就抛弃蕉萃那种"恐龙"。因此，军备，是任何时候都不可以放松的。

渠丘公将报纸撕得粉碎，骂骂咧咧："什么狗屁逻辑？第一，我怎么知道楚国变成了捡垃圾的，连我这样的穷山恶水也要。第二，这社论的作者简直是个脑残，你听听，都是些什么破比喻……我莒国只有破城墙，没有好城墙，怎么扯得上'虽有丝麻''虽有姬姜'？这年头，脑残也能写社论，我渠丘公虽不富裕，借钱也愿资助他去小学课堂回炉。"

对不起，我的性子太急了

公元前 581 年的一个春夜，晋景公做了个梦，噩梦，梦中看见一个厉鬼披着齐地的长发，两手交替把胸脯擂得山响，同时不住地跳跃，嘴里怪叫："你这个不义的家伙，杀了我的孙子，我要去上帝那儿告你一状。"说着，挥起毛茸茸的粗胳膊，喀拉一声，大门坍塌了半边，像精神崩溃了一样。晋景公吓得直往后躲，厉鬼继续逼进，喀拉一声，寝门又横躺在地上，不省人事。晋景公赶紧躲到室门内，这是最后一道保险了，但厉鬼毫不含糊，再次举起毛茸茸的胳膊……

像所有的影视剧画面一样，晋景公满头大汗坐起来，发出粗重的呼吸，四处张望，只看见黑魆魆的四壁。"掌灯。"他嘶叫起来。

晨光熹微的时候，晋国最著名的占卜专家桑田巫来到了景公床前。这家伙确实名不虚传，晋景公才张口，他就一股脑把后面的情节说了出来，好像晋景公做噩梦的时候，他在旁边放哨。

晋景公精神振奋起来："老桑，预后怎么样？"

桑田巫摇摇头："领导，只怕您吃不上今年的新麦子了。"

晋景公的心顿时掉进了冰窖。但晋国政府没有放弃努力，征集良医的广告贴得满天下都是，秦国领事馆也接到了求救信，消息反馈到秦国中央，秦桓公当即派遣国宝级名医阿缓同志去晋国，对景公进行国际主义援助。

在医缓来晋国的途中，晋景公又做了一个梦。这回他梦见两个可爱的小孩子，一个说："听说老缓来了，那家伙咱们惹不起，不如逃吧。"另一个懒洋洋的："怕什么，咱们躲到肓之上，膏之下，那地方是禁飞区，药石再强，能奈我何？"

晋景公这回没吓醒，但醒了之后更觉恐怖。他拖着病体接见了阿缓，阿缓对晋景公望闻问切，之后满面忧戚，摇摇头："唉，疾病躲在禁飞区，肓之上，膏之下，药力达不到，针灸也不行。"好在晋景公已经有心理准备，他衷心称赞："神医，您确实名不虚传。"

命令送上厚厚的大红包，"既然来了"，他吩咐，"就到我国各地玩玩吧，一切我会安排。你们，好好招待神医。"他的脑袋转向身边侍臣。

转眼到了夏天，六月蝉噪的日子，晋景公虽然病恹恹的，却没有挂掉的迹象。丙午这天，他问手下："往常这个日子，小麦已经收割了吧？去，把新割的麦子弄点来，我要尝鲜。"

命令很快传达到掌管农田事物的甸人那里，旋即新麦就送到了宫中。掌管饮食的馈人手脚麻利地把麦子煮好，给领导端了上去。晋景公围上餐巾，满意地坐在餐桌前，用调羹搅动热腾腾的麦饭，突然把调羹放下："去，把桑田巫给我带过来。"

桑田巫来了，景公指着麦饭："你说我尝不到新麦，这是什么？欺骗领导，是没有好果子吃的。来人，推下去，斩了。"

晋景公得意地看着桑田巫被拖下去，舀起一调羹麦片，正要往嘴里送，突然腹部一阵急剧的胀痛。他哐当一声扔下调羹，捂着肚子就冲进了厕所。外面的侍臣听见厕所里一阵水花溅起声，心照不宣地笑了，排泄挺利索。但很久也不见厕所门开，一个小臣看着头顶上白花花的太阳，说："领导进去半天了，别不是

对不起，我的性子太急了

221

出了什么事？"

他冲进了厕所，一会儿，两个浑身是粪的人，臭气冲天地出来了。晋景公已经死去多时，他的呼吸道里塞满了粪便。

这个故事告诉我们，杀人可以，但最好把麦片粥吃进嘴里先，否则就会造成冤案。如果晋景公在地狱见到了桑田巫，一定会表示歉意："对不起，我的性子太急了。"

张老是个乌鸦嘴

赵武，也就是所谓的赵氏孤儿，举行冠礼了。这是贵族的规矩，到了二十岁，就要行冠礼，表示性成熟，可以承担生儿育女的重任。行完冠礼后，他又带着礼物，跑到八个政治局常委那里去接受祝福。首先去的是栾武子家。栾武子，大名栾书，时任中军元帅，也就是总理，在常委中排行第一。

栾武子说："嘿，好漂亮啊！我曾经和你老爸（赵朔）同事，他是下军司令，我是副司令……唔，没想到他儿子这么漂亮。不过，你要好好学习，可别华而不实哦。"

赵武响亮地回答："栾伯伯，您放心，我一定好好学习，天天向上。"他想，不愧为大领导，说话永远这么四平八稳。

第二家，是荀庚，又称中行宣子，官为中军副元帅，副总理。

荀庚也夸奖道："好漂亮啊，前途不可限量哦。唉，可惜呀，我老了，看不到喽。"语气很苍凉。

赵武安慰他说："荀叔叔，您不老，起码可以活一百岁呢。"唉，真是人之将死，其言也善。他一路寻思，去了第三家。

第三家主人叫范燮，也叫范文子，上军副司令，常委排行第三。他一向话多，而且很有忧患意识，说了一大段："成年啦，从此要戒骄戒躁哦。聪明的人，总是地位越高越谦虚，蠢人就相反。贤王喜欢赏谏臣，蠢王却责罚之。我听说，古代做王的人，水平已经很高了，还经常派人到市场上去，听取百姓抱怨，有则改之，无则加勉。这就是我跟你说的，要戒骄戒躁哇。骄傲，是先王最讨厌的。"

赵武恭顺地回答："范叔，谢谢您，我知道，您的意思是，谦虚使人进步，骄傲使人落后。"真是老生常谈啊！等于什么也没说。他坐上马车，自言自语地说。

现在是第四家了。主人叫郤锜，因为封地在驹，又被称作驹伯，官拜上军副司令，这人一贯嚣张，谁也不放在眼里，他的话倒也符合其一贯性格："漂亮是漂亮，不过，年轻的小家伙，跟老夫比，总是差着老大一截呢。嗯。"

赵武嗫嚅地说："邵叔，也不见得老人都像您这么帅呀。"

靠，什么玩意呀，老不死的，你以为多能？老子比你强多啦。他默默地骂道，看看天色，日光已经西斜，这套礼节真没意思……得赶紧搞完，肚子饿了。他去了第五家，按照赵氏孤儿的故事，这位是他恩人，名叫韩厥，尊敬一点的话，应该称之为韩献子，他的下军总司令也当了六七年了，是个厚道人，说："成年啦，懂事了，要开始与人为善啊。养成了与人为善的好习惯，就会成为潜意识，想做坏蛋，都不容易了。相反，养成了做坏事的习惯，也一样。这叫江山易改，本性难移。人的本性，就像草木，可以分门别类的。嗯，我扯远了，行了冠礼，就要爱惜这个冠，像打扫屋子一样，每天做点好人好事，为你头上的冠增色，这才像个贵族的样子。"

赵武有点感动了："韩叔，还是您老人家对我好，真想多听您教诲。"他望着韩厥模糊不清的面庞："可惜天色晚了，我还要赶着去见智武子叔叔。"

韩厥慈祥地说："去吧，我那位副手人还不错。"

张老是个乌鸦嘴

智武子大名荀罃，曾经在楚国当了多年的战俘，战斗英雄出身，在国内有广泛声誉。赵武见到荀罃，这位下军副司令说："要争取进步哇，你曾祖赵衰、祖父赵盾都是正卿，你也要朝这个目标努力哦，别闹到将来退休了，职称还是个大夫，丢死人的。就像有的人，在大学里教了一辈子书，却以副教授退休，不一样被人家笑话吗？赵衰辅佐文公成就霸业，一切都有规矩；赵盾辅佐襄公、灵公，不惮死谏，受了很多委屈，他们各有优长，你结合他俩的优点，一定可以事业成功，加油！"他举起拳头。

赵武也握拳，响亮地回答："荀叔，我会加油的，您果真是个好人。"他走到院子里，嗤笑了一声，心说，这家伙是个官迷，一天到晚就想着升上去，累不累？不过，人还算善良。

他去了第七家，这位也姓郤，名叫郤犨，封地在苦成，尊号苦成叔子，新军司令，他说："朝廷上年轻的大夫一大堆，你要挤进去只怕困难，别指望我帮忙哦。"

呸，谁要你帮忙。不要脸的东西，不过是个新军司令，就这么横。赵武闷闷不乐地去第八家，又是姓郤的，叫郤至，或叫温季子，新军副司令，他翻着白眼："谁的水平不高，你就跟他们混吧。"言下之意，你赵武也只配跟他们混。

赵武心里把郤至骂了千百回，气鼓鼓去了张老家，这位职称最低，只是个大夫。他耐心听赵武讲完一天的经历，评价道："常委们大多说得挺好哇，听你栾伯的话，可以进步；听你范叔的话，能够大气；听你韩叔的告诫，可以成功；听你智武子叔叔的话，可以牢记祖先的荫庇。只有那三个姓郤的，真是三根搅屎棍，别人冠礼的喜庆日子，都放不出一个好屁。这样不厚道的人，能有什么好下场？"

几年后，晋厉公宣布郤氏三卿谋反，家族全部屠灭。赵武兴奋地对张老说："张叔，您说话真准。"

张老骄傲地说："国内都流传我善颂善祷，其实我诅咒起来也很灵验的。"

这个故事告诉我们，在别人喜庆的日子说坏话，是会遭报应的。当然，要生效，必须碰到张老这样的乌鸦嘴。

张老是个乌鸦嘴

你是一个最勇悍的贵族

公元前 563 年，超级大国晋国又纠集起一帮小弟，总共十一个，浩浩荡荡向南方进发。这次不是去砍人，而是和新崛起的吴国会盟。吴国虽然不大，但没什么文化，充溢着原始人的勃勃生机，打架特别凶悍。晋国的想法是，和这位森林里的朋友结拜，一起搞定另一个超级大国——楚国。

会盟的排场有点大。事情办完，队伍掉头回家。晋国的政治局常委，二把手士匄说："这次来，花天酒地，主要是花宋国的钱，吃水不忘挖井人，我们得为人家做点什么。"

三把手荀偃点头："对，尤其是宋国的左师向戌，跑前跑后，特别勤恳。前面就是偪阳，干脆，我们把它拿下，送给向戌。"他指着前方遥遥在望的城池。

一把手荀罃说："偪阳小国，城池却很坚固，打不下来，岂不让人笑话……当然，实在要打，我也只好批准。"

动员令立刻下达，鲁国常委孟孙氏的家奴秦堇父喜笑颜开："战争改变命运，我的机会来了。"

偪阳城下，沉重的大门像挂面一样高悬。诸侯国的低级贵族们像疯狗一样往里冲，突然挂面变成了瀑布，迅疾下坠。偪阳人的思路很简洁：截断诸侯军队，关门打狗。

但是一双有力的大手高高举起，将瀑布托住。他是鲁国陬邑县委第一书记叔梁纥。军人们跌跌撞撞地后撤，叔梁纥始终稳稳举住悬门，直到最后一个同志跑出。书记两手一松，悬门轰隆一声砸下，严丝合缝，一只蚂蚁也休想爬进去。

没办法，只好强攻。偪阳城上突然抛下一条布："有本事，爬上来。"这大概是春秋时的普遍战法。

秦堇父冲上去一跃而起，捉住了那块布，像蜥蜴一样往上急蹿，很快就蹿到了城堞。守城的眼疾手快，一刀挥去，秦堇父感觉手头一松，被自己的体重猛然一拽，背心撞在泥地上，摔得眼冒金星，眼看不死也要半身不遂。

你是一个最勇悍的贵族

守军哈哈大笑："摔死一个傻子。"他们意犹未尽，又扔出一匹布，垂到半空："还有谁再来？"

其他人还没反应，突然秦堇父一个鲤鱼打挺跳起来，像二代丧尸一样，抓住了半空中的布。守军手忙脚乱，但到底还是赶在他快攀上城堞之前，砍断了布匹。秦堇父再次像一桶粪坠了下去，陷入昏迷。

第三条布很快就垂了下来。城上的人喊："不怕死的就上。"城下的人面面相觑，不怕死，也要死得有点价值，像秦堇父那样，值得吗？他们沉默不语，城下像坟墓一样寂静。

但是一声悠长的呻吟打断了这个寂静，秦堇父再次醒来，抱住那块布，虽然他爬得没有前两次那么快，但依旧沉稳有力。他逐渐接近了目标，看见城上的士兵慢腾腾地拔出剑，又慢腾腾地挥向布匹，一道慢腾腾的刀光流过，他的身体慢腾腾落下，同时瞥见士卒眼中的泪水慢腾腾向四处弹落。他的嘴张得老大，触地的那刻，尘土像黄色的雾，慢腾腾裹住了他的全身……

他再次醒了，爬起来，仰头对着城上骂："他娘的，舍不得布了？老子还没过足被摔的瘾。"

城上的士卒还在哭："不是舍不得布，我们服了，您是一个最勇悍的贵族。"

秦菫父点点头，弯腰拣起那三条布，披在身上，在诸侯军的队列前奔跑，像获得了奥运会的金牌。军队的欢呼声像缓缓流动的沙丘，在他的耳边回旋，他的眼中噙满了泪水。

你是一个最勇悍的贵族

晋襄公死的时候，太子夷皋还是个婴儿。那时晋国做霸主不久，威望有限，连年防备秦、狄、楚的攻伐，加上前一年死了四位德高望重的卿（政治局常委）。执政赵盾提议："国家多难，立君，还是立个生活能自理的吧。我提名公子雍，他年纪品德都很合适，现在正在秦国当官，做到了副部长，有秦国的背景，对于我们国家是一种福分。"

部长贾季，是赵盾的副手，他表示反对："不如立公子乐，他老妈辰嬴直接是秦国公主，和秦国关系更密切。"

赵盾说："那怎么行，辰嬴是个二婚头（先后嫁过怀公、文公），让她儿子当国君，想都别想。况且公子乐现在陈国做官，陈国鼻屎大的国家，对我们有什么帮助？显然应该立公子雍，这件事就这么定了。"他当即派贵族先蔑、士会两人去秦国迎接公子雍。

先蔑回家喜滋滋地收拾。被派去迎接新君，这可是件美差。一路上搞好感情，对前途有利。但是贵族荀林父跑来了，劝先蔑："老蔑，我说你傻呀。现今君夫人、太子都在，还跑到外面去迎接新君，吃饱了撑的不说，只怕也不能成功。你呀，赶紧托病，让士会一个人去得了。"

先蔑一愣："这事大，部长（卿）以下的官办不了，士会只是个大夫，不够格呀。"

荀林父道："什么部长不部长的，派个厅长（大夫），名片上注明，享受卿的待遇，资格也就够了。"

先蔑说："那也不是真的部长啊，再说，装病不大好吧。我平时吃好喝好，享受部长级待遇，一到有事，就撂挑子，对不起祖国和人民啊。"

荀林父打断他："行了行了，我是看咱俩同事（荀林父当步兵一师主将的时候，先蔑是步兵三师师长），这才苦心劝你，你倒跟我打起官腔来了。我敢打包票，你这次去，肯定是给自己惹麻烦。"

先蔑有点不好意思："我是真觉得应该为祖国出力。"但似乎发现自己又在宏大叙事，改变了语气，

"惹麻烦？这可是一把手赵盾拍板了的，怎么可能反悔？"

荀林父道："赵盾拍板又怎么样，咱们死去的老领导，他的遗孀可不是好惹的。"

先蔑还是不信："一个娘们，掀得起什么大浪，咱们晋国的规矩，国君杀了也就杀了……"他忽然发觉自己说漏了嘴，掩住了嘴巴。

荀林父倒也没介意，他沉吟了一下，突然手舞足蹈，嘴里唱起歌来：

> 我虽异事，及尔同僚。
> 我即尔谋，听我嚣嚣。
> 我言维服，勿以为笑。
> 先民有言，询于刍荛。

他唱的是《诗经·大雅·板》的第三章，歌词很古奥，大概意思是：因为跟你同事，所以苦口婆心地劝告。就算我说得不对，你也别见笑。因为一句老古话说，连砍柴的乡巴佬，都值得请教。

先蔑心想，你没准还真就是那砍柴的乡巴佬。他说："对不起老荀，我还是想试试。"荀林父叹了口气：

234

"到时有你后悔药吃的。"背着手走了。

秦国见先蔑来迎公子雍，很高兴，派兵护送公子雍回国。与此同时，在晋国国内，晋襄公的夫人穆嬴抱着太子夷皋在朝堂大哭："我儿子有什么罪？凭什么不立他为君？我那苦命的老公啊，你睁开眼看看，这些大臣是怎么对待我们孤儿寡母的吧……"

赵盾很苦恼，召集各部部长商议："那娘们很闹腾，搞得影响不好。要不算了，还是立太子夷皋吧。只是先前集体决议，已经派了先蔑去秦国。怎么办，背信弃义一回？"

各部长说："也没什么，当年齐国也曾这么干过，背信弃义，是霸主的风格。"

赵盾放心了："那好，立刻发兵拒秦。"

这一年，晋国军队在令狐击败秦兵，公子雍美梦破灭，魂断乱军之中。先蔑不敢回国，在秦国客居，他这才后悔自己没听荀林父的话，妻子儿女包括存折都留在国内，只怕已经被政府充公了，哪有什么后悔药吃。他坐在门槛上，每天只是长吁短叹。

谁知这天，突然一大队车马来到了家门前，老婆孩子欢蹦乱跳地从车上下来。先蔑揉揉发昏的双眼，说："这不是梦吧。"他从门槛上站起来："你们都来

遇见一个好同事很幸福

了？怎么可能……"

老婆孩子异口同声地说："不是梦，是荀林父委员送我们来的，他说，先蔑同志虽然叛国，但我们不能剥夺他的财产权。私人财产，是神圣不可侵犯的。"先蔑愣了一下，喃喃地说："老荀说得对，这世上，有我后悔药吃的。"

我想谈谈这个故事的中心思想，我认为先蔑说，这世上有他后悔药吃的，这种侥幸心理是不对的。人家荀林父说那句话，只是一种修辞手法，意思是，世上并没有后悔药吃。至于后来先蔑保全了老婆孩子以及存折，并不是他真吃到了后悔药，而是因为，他早年碰到了一个好同事。

我们已经被时代抛弃了

周灵王有两个卿士，也就是左右丞相，一个叫王叔陈生，一个叫伯舆。这两人关系处得不好。王叔陈生怨恨周灵王暗中偏袒伯舆，决定出国抗议。但才走到黄河岸边，周灵王的使者就追来了。不是追杀，周王早就不搞这种野蛮的事，也没能力。

使者说："总理先生，回去吧，领导今天特意杀了一个人，您回去看见尸体，一定开心。"

王叔陈生没好气地说："总不能是杀了伯舆吧？"

使者说："杀的是史狄，也算是您的仇人，过得去了。"

王叔陈生哼了一声："什么叫过得去？我就这么好打发？回去告诉领导，拿出点诚意来，我在这搭个帐篷等回音。"

周灵王只好向霸主晋悼公求救："伯父，家里的事，要麻烦您了。您的兵多，只要您发话，他们不敢不听。"

晋悼公当即派出政治局常委，排行第二的士匄，来到了周国。

开庭这天，士匄身披法袍，坐在大厅当中。原告和被告都没来，贵族，是不屑亲自出庭的。他们各有代表，王叔陈生的代表是其管家，伯舆的代表是其属大夫瑕禽。

管家首先发言："法官大人，我们大周王朝有大周王朝的规矩，上下尊卑，一丝也不能乱。被告出身卑贱，一直以来，穷得连门扇都是柴火编的，竟敢跟我们老爷叫板，这不是乱了纲常吗？不是要动摇国本吗？是可忍，孰不可忍。请法官大人明鉴。"

瑕禽说："这事要从两百年前讲起了。当年平王东迁，七姓从王，其中就有我家老爷的祖上。家产全部捐出来，为天子置办仪仗和牺牲，才不致在东方诸侯面前堕了脸面。天子因此和我家老爷祖上盟誓，除非河清海枯，否则，这贵族的爵位，我家老爷将世世代代传下去。说我们一直以来穷得还用柴火编门，简直……哎，这可不是上修辞课，我欣赏不了这份幽默。

请法官大人明鉴。"

士匄赞许地看了瑕禽一样，目光移向王叔的管家。管家说："那又怎么样，贵族不贵族，看和谁比。站在洛阳的农民工面前，他们自称贵族，倒也不过分。可我家老爷的名讳是王叔陈生，王叔，看这姓氏，就知道尊贵无比，在这个响当当的姓氏面前，随便一个什么叫花子，也妄称贵族，脸皮难道真比铠甲还厚？"

庭上一片寂然，很多人都露出惶惑的表情。士匄注目瑕禽。瑕禽激动起来："法官大人，既然如此，臣请实话实说。"

士匄说："只要不否定我们大周的基本政治制度，什么都可以讲。知无不言，言无不尽，有则改之，无则加勉，一向是我们大周的优秀传统嘛！"

瑕禽脸色通红："那么臣就放肆了。众所周知，自从王叔先生被任命为大周第一总理，朝廷上下就乌烟瘴气，一个地方小科长就明目张胆说，不花钱能当上官，你去当一个给我看看。在群众当中造成了极坏的影响。至于法律，更是不当回事。有人马车超速，撞死了人，不但不害怕，还洋洋得意大叫，我爸是处长，家里有的是钱摆平。在这个国家，唯正直者受穷。我家老爷现在穷得编柴火做门，原因正在于此。请法官

我们已经被时代抛弃了

大人明鉴。"

……

第二天，在黄河边钓鱼的王叔陈生，看见了垂头丧气的大管家。他知道怎么回事了，马上收起鱼竿："收拾行李，咱们跑路吧。"

路上，他问管家："咱们大周一向保护爵位高的，怎么这场官司就败了？"

管家说："咱们周王原先也是发号施令的，现在呢，家里出了事，还得求晋国来主持公道。这天，早就变了；我们，已经被时代抛弃啦！"

一切都是男人的错

施孝叔，鲁惠公的五世孙，虽然是个贵族，已经离鲁国的权力中心很远了。有一天，政治局常委公孙婴齐找到他："您好，孝叔同志，我有个妹妹，到了嫁人的年龄，不知你有没有兴趣？"

公孙婴齐是鲁宣公的侄子，和现任鲁成公是堂兄弟，权大位高，施孝叔受宠若惊："有兴趣有兴趣，一切听从您吩咐。"

"你就不奇怪，我怎么能把妹妹嫁你？"公孙婴齐笑了。

施孝叔像火锅一样沸腾的大脑顿时冷静下来，是呀，两家同一个姓氏，按辈分排下去，施孝叔要高一辈，公孙婴齐得称他为叔。那么，和公孙婴齐的妹妹结婚，岂不是叔侄乱伦？他望着公孙婴齐，嗫嚅地说：

"那怎么办？"他确实不想错过这门好亲事。

公孙婴齐好像猜中了他的心思："放心吧，叔，我和她，是同母异父的。"

施孝叔松了口气："真是太幸福了。"很快，纳采、问名、纳吉、纳征、请期、亲迎，六礼齐备，新娘子娶过了门。

洞房之夜，忙得很，当然不会聊什么家常。但施孝叔还是发现，老婆的叫床声带有齐国口音。新娘子羞涩地说："你也知道，当初我妈因为没明媒正娶，生下公孙婴齐后，被赶出了家门。只好含泪出国，嫁给齐国人管于奚。我生下来就说齐国话，至今改不过来。"

施孝叔把老婆紧紧搂在怀里："你受苦了，从今以后，我一辈子对你好。"

好景不长，有一天，公孙婴齐再次上门了："叔，有件事，得和您商量一下。"

施孝叔说："咱们这亲上加亲的，有什么话，甭客气。"

公孙婴齐说："这话有点说不出口，但是，不说又不行。是这样，你也知道，前天晋国贵族郤犨来我国访问，想跟我联姻，他马上要当政治局常委，能和他联姻，你想想，这机会能错过吗？"

施孝叔还有点不解："您的意思是？"

公孙婴齐道："我也不兜圈子了，现在我家没有适婚女孩，唯一一个青春期的妹妹，刚嫁了你。现在我想要回来，改嫁给他。"

施孝叔顿时呆若木鸡。

第二天，屋子外面，新媳妇看着远处："天上的飞鸟，地上的野兽，都是成双成对。你呢？想抛弃老婆？"

施孝叔站在她身后，嗫嚅地说："得罪了郤犫和你哥，就是个死。我不想死。"

新媳妇说："我明白了。"

很快，她被盛装打扮，送到了晋国，一口气生了两个孩子。但是好景再次不长，七年后，晋国发生内乱，赫赫有名的郤氏三个政治局常委，被领导一锅端，杀得干干净净。晋国派人通知鲁国大使馆："郤犫的家属持鲁国护照，本着优待外国人的政策，请你们派人把她们接回去。"

施孝叔听到前妻能回国，很高兴，他打扮得油头粉面，到黄河渡口迎接，船舱门一开，他傻眼了，前妻一手牵着一个孩子，走到他面前："叫爸爸，以后他就是你们的新爸爸。"

我可不做冤大头。施孝叔只想了两秒钟，突然左右开弓，一手拎起一个，两臂一甩，两个孩子像两只抱窝的母鸡一样，在河心扑腾了几下，就没有了踪影。

可怜的女人趴在岸边，撕心裂肺地嚎哭，施孝叔去牵她："我施孝叔是个贵族，总不能替别人养孩子，族人也不会答应。回去吧，咱们今后好好过日子。"

女人回头，满脸都是鄙夷："滚，你也配称贵族？谁跟你好好过日子？老婆被人强占，不敢放个屁。面对两个小孩，却成了男子汉。像你这样的下三滥，不会有好下场的，给老娘滚得越远越好。老娘发誓，八辈子也不想见到你这样的垃圾。"

这个故事告诉我们，本文的女主角很优秀，一切都是男人的错。

没想到这个坏蛋这么阴

公元前 576 年，宋共公死了，他的太子叫子肥的，喜滋滋坐在家里，等大臣们迎接他登极。谁知迎来的是一伙大兵。"我们奉命，取你的人头回去，请原谅。"领头的军官说。

子肥同志还没搞清楚为什么，头颅已经被摘了下来，像摘一个瓠瓜。

政治局常委会上，九大常委开会。排行第一的是右师华元，他非常纳闷："把太子都杀了？怎么能这样野蛮？而我官为右师，竟然才知道……这不是杀鸡，这是杀一国的储君，杀储君，要不要经过常委会讨论？还讲不讲组织程序——必须严惩杀人犯。"

杀人犯就坐在会议桌前，他的名字叫荡泽，官为司马，在常委中排行第三。华元话一落地，会议室鸦雀无声，谁也不表态。九个常委，包括荡泽，六个是宋桓公的后代，号称桓族。华元和排行第四的华喜，是宋戴公的后代，号称戴族。排行第五的公孙师，是宋庄公的后代。九大常委，桓族占了六个，荡泽是六个中的一个，怎么严惩？

华元于是发狠："那好，这右师我不干了，反正也没人把我当回事。"他回去收拾行李，号称要流亡晋国。

桓族的六个常委傻眼了，一起商量。二把手左师鱼石说："我去请他回头。"九把手少宰鱼府说："他回来，条件肯定是要拿荡泽哥法办，这有损桓族的威望，说不定连我们也一起完蛋。"

鱼石说："有什么办法？华元这家伙有国际声誉，势力大，群众拥护。他流亡晋国，谁知是不是去晋国讨救兵？到时杀回来，群众又在内响应，我们桓族只怕真要一个不剩。"

大家都默然。鱼石继续说："所以，我们只好答应他的条件，希望他看在我们诚恳的份儿上，饶了荡泽。实在不行，我们族的向戌跟他关系很好，他应该不会一锅端。"

能怎么办？只好答应。鱼石亲自出发去追华元，华元正在河边等渡船。听了鱼石气喘吁吁的报告,华元说:"回去可以,但是荡泽必须法办。"

华元回到国都,亲自部署四把手华喜、五把手公孙师,率领武装警察进攻荡泽,荡泽被俘,判处死刑。

桓族五个常委全部出城,在睢水边扎下了帐篷,摆出一副很惭愧,要流亡国外的架势。消息传到城内,华元笑笑:"跟我玩一样的把戏,你确信自己玩得起?"他站起来,命令套车,亲自跑到睢水:"诸位,回去吧,你们是你们,荡泽是荡泽,你们桓族的主体还是好的嘛。"

鱼石谦虚地说:"荡泽毕竟是我们家族的败类,他杀了储君,我们也不能说没一点责任。就不回去了。"

华元打着哈哈:"唉,鱼兄弟,你看你,太认真了。也好,你们再考虑考虑,愿意回去,人民群众还是欢迎的,政府也是欢迎的。"说完跳上马车,命令司机:"慢慢走,别急。"

九把手鱼府有些不安:"诸位大哥,我看华元心中有鬼,他的眼神躲躲闪闪的,语速又快,和平常大不一样。我们还是跟着他回去,不然,只怕没机会。"

另一个声音道:"是,瞧那家伙阴阳怪气的。愿意回去,人民群众还是欢迎的……这什么话,他只是常

没想到这个坏蛋这么阴

247

委会召集人，真以为他是领袖？我看情况不对。"

鱼府跑到旁边的高坡上："确实，你们看，那家伙现在马车跑得飞快，肯定有鬼。"

大家呼啦一声散开，赶紧跳上各自的马车，循着华元回去的方向急追，但是已经来不及了，前面突然出现一片水泽，白茫茫一片。原来睢水的堤坝被掘开了，目的是什么，不用说。再仰看城楼，一排全身披甲的士卒，严阵以待。鱼石破口大骂："没想到这坏蛋这么阴。既然早就想让我们滚蛋，干嘛还假惺惺来请？"

他们徘徊了一会儿，圈转马头，向楚国方向奔去。

这个故事告诉我们，宋国的常委虽然也是九个人，但是，不一定一人一票。

会有别人来收拾你

师曹，是卫献公宫廷演奏队的一个普通乐师，擅长鼓琴。有一次，卫献公特意把自己的爱妾交给他，说："小曹，给我好好培养，教好了，给你提干。"

领导对自己这么重视，师曹心中乐开了花，他马上制定了严格的学习计划，决心把领导的爱妾培养成一个跨世纪音乐人才。但是他很快失望了，那女人根本不上路，几个月过去，连个宫商角徵都没分清。"真是胸大无脑。"师曹借酒浇愁。这一天终于爆发了，提起鞭子把领导爱妾揍了一顿："你这头笨猪，让我怎么向领导交差，我要提干——"他的呜咽响彻云霄。

卫献公当晚看到了爱妾身上的伤痕，他惊呆了，还有人敢这么做？他连夜命人把师曹拖来："给我狠狠抽三百鞭，胆子也太大了，敢打我的宝宝，不哭了，哦，宝宝，我给你做主。"

师曹卧床养了一个月的伤，还好，领导没开除他，照样领工资。他过得很消沉，我拿你没办法，会有别人收拾你。他每天这么想。而且，他果真等到了出气的机会。

这天，卫献公要宴请孙蒯。为什么要宴请孙蒯，这里面内容很丰富。

事情是这样的。前几天，卫献公给两个常委孙文子、宁惠子发了请帖，邀请他们来宫中吃饭。一大早，两个人就来了，穿着朝服，戴着礼帽，打着蔽膝，结着佩玉，走起路来和鸣锵锵，显然对这顿饭无比重视。他们在朝中等卫献公，一直等到疏林挂月，暮鸦归巢，请客的连个人影都不见。原来卫献公在后花园射大雁玩。两个人跑到后花园，卫献公这才收工吃饭。但是孙文子回家后，气鼓鼓地对家人发火："请容许我说句粗话，这卫献公也太他妈不像话了，请我们吃饭，晚点没关系，锻炼身体要紧。可我是贵族，他见了我，帽子都不摘。这像个国君吗？中山路上的乞丐都比他懂礼貌。"第二天，孙文子就没去上班，回了自己的封邑戚，说是养病，让孙蒯替他请假。这就是卫献公请客的来由。

按照规矩，贵族吃饭时都要奏乐，这次当然也不例外。宴会前，卫献公对自己的乐团团长说："待会儿上菜时，你给我唱《巧言》的最后一章。"

团长面露难色："领导，只怕不妥吧。您听听歌词。"他哼唱了起来："'彼何人斯，居河之麋。无拳无勇，职为乱阶。'翻译成白话就是：那家伙是个什么人啊？躲到黄河边上，也没多少武装力量，就想作乱犯上——这不是逼他造反吗……"

卫献公打断他："行了行了，还要你翻成白话，就你懂？我太子出身，文化水平还不如你？"

大师不敢说话了。师曹赶紧举手发言："领导，既然大师不愿干，让我来吧。"

卫献公点点头："唱得好，我给你提干。"说完扬长而去。

宴会上，师曹使出浑身解数，很卖力地把那首歌唱了一遍又一遍，他看出卫献公很满意。但孙蒯有点坐卧不安，脸上的惊惧好像打摆子似的，一现一隐，充满规律。师曹的心也激动得怦怦直跳，他听见了自己胸中密集的鼓声，杀气腾腾。

果然，很快就听说孙文子带着兵从戚邑杀来，卫献公这才害怕了，派子蟜、子伯、子皮三个人去和孙文子谈判，却都被孙文子取了首级。卫献公逃到鄄地，再次派人向孙文子求和，照样丢了脑袋。卫献公一听，知道没指望了，连夜逃奔齐国，总算躲过了孙文子的追杀。

这个故事告诉我们：在春秋时代，国君怎么鞭打自己的文工团团员都没关系；但对贵族士大夫，最好还是客气点。

谁讲良心谁犯傻

晋厉公喜欢打猎，打猎的时候，喜欢让女人上阵。大夫们都有点不高兴："古往今来，兵器能容许女人碰？领导这么干，怕是不行。"

此刻，新军司令郤至兴冲冲抱着一头野猪往回走，突然手头一松，猪不见了。定睛一看，面前站着一个人妖，晋厉公的贴身太监孟张，他拎着那头猪："郤克，谢谢你帮忙捡回我射的猪，谢谢，再见。"他扬扬手，转身就走。才走得几步，突然一个趔趄栽倒在地，嘴里低低地说："这猪不沉啊，怎么……不对，是谁射了我一箭。"他的身后，郤至握着松弛的弓，冷笑道："猪是不沉，可你依旧承受不起。"

宫里，晋厉公唉声叹气："我可怜的小孟，服侍了我这么多年，竟死得这样惨。我不服，姓郤的，你也太他妈欺负人了。"

宠臣胥童凑了过来："领导，躲在宫里骂脏话，解决不了任何问题。依我说，干脆把姓郤的一族给做了？"

晋厉公说："我知道，你父亲胥克被郤氏废黜，想公报私仇。嘘，不用争辩，我理解，有仇当然要报。不过郤氏一族三常委，势力很大，我怕……"

胥童插嘴："您怕搞他们不定，反而被他们搞定。领导，您放心，八个常委，他们家就占了三个，谁会开心？谁不想他们家倒霉？这可是个大好机会。"

郤氏府邸。中军副司令郤锜召集族人开会："听说因为小至射死了领导的贴身太监，领导很悲伤，想搞定我们？不如先下手为强。"

郤至摇头："不行，人活在世上，总要讲点原则，信义、智慧、勇敢，是我坚持的三项基本原则。讲信义，就不能背叛领导；讲智慧，就不能伤害百姓；讲勇敢，就不能犯上作乱。如果大臣有罪，领导要杀大臣，这是应该的。如果大臣无罪，他好意思动手？况且，咱们家族一百多年来吃香喝辣，全靠历代领导栽培，现在翅膀硬了，就去杀领导，说得过去吗？这种没良心的事，我不做。我也不信领导心胸那么狭窄，为了一个不懂事的死太监，就和常委翻脸。"

族人都肃穆起来，被郤至的道德光芒所笼罩，久久不动。

正是冬天，郤氏三常委坐在办公室上班，每人面前放着一个火热的炭盆。突然进来两个人，长鱼矫和清沸魋，拉拉扯扯的，嘴里还嚷着："别走，咱们请郤将军评评理。"

下军副司令郤犨站起来，和蔼地说："二位有什么争执？请说，千万别伤了和气。哎呦，好痛。"他吐出一口血，长鱼矫手里握着一柄短戈，已经割破了他的喉咙。中军副司令郤锜刚想离开座位，清沸魋眼明手快，一戈挥去，郤锜往前一扑，也倒在火盆边，像一只蛤蟆。新军司令郤至见势不妙，叫道："来真的了。对不起，我必须逃，因为我无罪。"他撒腿跑到外面，跳上马车狂奔，但是已经晚了，追兵很快追上了他，几支戈劈过来，他也变成了尸体。

胥童杀红了眼，回去报告晋厉公："中军司令栾书、上军司令荀偃，这俩家伙也不是什么好东西，干脆一起杀了。人我已经带来了。"他一挥手，两个五花大绑的人被推上来。晋厉公有点不好意思："活要慢慢干，今天一下杀了三个常委，算是超额完成任务了。

谁讲良心谁犯傻

再杀，我良心不安。"

长鱼矫说："这年头谁讲良心谁犯傻。"

晋厉公还是摇头："活儿要慢慢干啊……"

长鱼矫叹了口气："什么慢慢干，下田割麦子都要赶时间呢。您不忍心，人家可不会客气。也好，您给我办个护照，我要出国散心。"他回家收拾了一下，移民去了狄国。

这天，晋厉公出游，在匠丽氏，被栾书、荀偃的人包围了。他在牢里度过了三个月，写了两篇文章，之后被带到野外，监斩官程滑问："领导，大好春光，可惜您就要死了，有什么话留下吗？"

晋厉公吞了口唾沫，说："只有一句话，这年头，谁讲良心，谁就是一个五颜六色的傻瓜。"

咱们有的是音乐家

公元前 562 年，又一帮晋国大兵雄赳赳气昂昂地来到了郑国地界，郑国的政治局常委召开紧急会议，会上常委们长吁短叹，甲说："这帮流氓……向楚国求救吧。"

乙道："远水不解近渴，再说楚国人也不是吃素的，他们来，还不是我们出军费。"

丙附和："对，再说虽然都是超级大国，但相比晋国，楚国还是稍微弱了点。咱们就别那么费事了，投降吧。"

丁言道："投降，肯定是无条件的，咱们得出血，给他们什么礼物好？"

戊说："还不是给钱，虽说他们也不缺钱，但这年头，谁嫌钱多？"

己的语气有点自嘲："我看啊，再给他们几个音乐家……那帮暴发户，东偷西抢，钱是不缺，可文化人才，不是那么容易培养出来的。培养文化人才，是咱们这种老牌贵族的优势。"

会议圆满成功，办公室秘书打出一份红头文件：《关于向晋国输送财物和音乐家的决议》。几天后，十五辆广车、十五辆辅车、七十辆革车，钟、镈、磬等各种豪华乐器，十六位文艺美女送到了晋国军营，最后还有压轴的礼物：三个盲人音乐家，名字分别叫师悝、师触、师蠲。当三盲闪亮登场的时候，晋侯紧绷着的脸陡然松弛了，他情不自禁拍了拍手："我说呢，郑国敢这样糊弄我。没有最后三个音乐家，这份礼物比狗屎好不了多少。"

晋国大兵像退潮一样消失了，郑国人松了口气。不过，很快他们又开了一次会，商量新问题。原来前几年郑国内乱，失败的贵族堵女父、尉翩、司齐逃到宋国去了，甲说："必须把这几个叛国犯引渡回来。"

乙说："是的，我爹就死在他们手里。"

丙说："死的是三个常委，不仅仅是你爹。"

丁说："宋国肯定不肯给咱，怎么办？"

戊说："怎么办，咱们出钱贿赂他们。不稀罕钱是吧，送音乐家，晋侯都为咱们培养的音乐家倾倒，而咱们有的是优秀的音乐家。"说到后面，他掩饰不住得意。

己的语气有些自嘲："又是音乐家……当然，咱们这个文化大国，靠这个输出价值观，也不错。"

几天后，一百六十匹漂亮的高头大马送到了宋国国都，最后还有压轴的礼物，两个盲人音乐家，名字分别叫师茷、师慧的，闪亮登场。国君宋平公拍着手赞叹："原先以为只有一百六十匹马，谁放在眼里？没想到他们不惜血本，送了两位音乐家，那你们说，咱们把人引渡过去吗？"

其他人都七嘴八舌："本来可以拒绝，但有了音乐家，不引渡，是说不过去了。""主君如果舍得把音乐家退回去，那就不引渡。"

等大家安静下来，宋平公做总结性发言："引渡，确实不符合咱们贵族的准则。但为了音乐家，为了爱护人才，咱们就破格这么一回吧。"

会场上响起了经久不息的掌声。

不久之后的一天，师慧走过宋国的朝堂，突然脱下裤子，起劲地撒起尿来，滴滴答答，溅得满大殿都是，骚气氤氲。给他带路的人说："大师，您撒尿也不管场

咱们有的是音乐家

合，这可是朝堂，让领导知道了，您吃不了兜着走。"

师慧睁着白蒙蒙的眼睛："反正也没人。"

导盲人说："朝堂这么多人，怎么叫没人？"

师慧嗤地笑了一声："肯定没人，有人的话，怎么会为了我这样一个演唱淫词艳曲的瞎子，而不顾道义，把投奔你们的贵族引渡回去？"

导盲人激动地说："您太看轻自己了，全国都知道，您是一个优秀的音乐家。"

又是不久以后的一天，师慧被宋平公叫去，很远他就听见了熟悉的乡音。他感觉宋平公笑眯眯的声音在对他说："师慧同志，你上次在我们朝堂撒尿的事迹传遍了我们全国，我们的总理子罕同志听说后，当即给我打了一个报告，要求把你送还祖国。我呢，也敬重你'尿谏'的智慧，很感动，决定批准这个报告。喏，身边就是你祖国的使者，你呢，回国前，有什么话要说？"

师慧说："谢谢你们，没有在我撒尿的时候，把我抓起来。你们真是一个文明国家，不愧为圣王之后。"

这个故事告诉我们，如果你被人贩子卖到异国他乡，不妨到处撒尿，然后讲一番大道理，或许能有幸回归祖国。当然，前提是你碰到的人贩子比较讲道理。

鲁隐公——不爱江山爱道德

　　鲁隐公的名字叫息姑，貌似很女性，但其实性别为男。他有着无与伦比的高尚情操，可惜是小老婆生的。他老爸鲁惠公去世的时候，嫡太子公子允年幼，不能执政，大臣商量了一下，有个德高望重的人提议："就让息姑代政吧，等公子允长大了，再换上去不迟。"

　　其他大臣也没意见："中。"

　　鲁隐公这个国君一当，就是十一年，眼看着公子允渐渐发育成熟。这天，大臣公子翚去见鲁隐公，提议道："领导，虽然您一直说，自己只是暂时代掌君位；等公子允长大，就把权力还给他。可是，您有没有想过，老百姓不答应？"

　　"什么意思？"鲁隐公憨厚地说，"我们鲁国，又不搞选举那一套。"

"可是得民心者得天下呀。"公子翚发现，跟老实人不能兜圈子，"领导，我就直说了吧。据说啊，老百姓都不同意您归政，他们说，您伟大光荣正确，还编成歌了呢……"

鲁隐公打断他："我还是没明白，您能不能直率点？"

公子翚一拍腿："嗨，我的意思是，不如这样，我帮您杀了公子允，您永远坐君位。事成之后，封我个太宰当当，我也就满足了。"

换了别人，肯定求之不得。当然，公子翚求封宰相为交换，很可恶；但没关系，先让他杀了公子允，再宣布他悍然杀储君，名正言顺处死他，岂不美哉？

但鲁隐公却傻乎乎地说："这种事怎么能干？不行不行。我已经在菟裘那个地方建了房子，很快就要把君位还给他，我搬过去养老。"

公子翚一听，靠，天底下还有这样的傻瓜。现在怎么办？自己利令智昏，判断失误，出了这么个馊主意，哪天新君即位，知道了这事，我还有活路吗？他突然向司机大叫："慢着，咱先不回家了，去公子允那。"

司机一个急刹车，换了个方向。公子翚敲开公子允的大门，假装痛心疾首："小允，我刚才去见鲁隐公了，他要我杀掉您，永远霸占君位。这人怎么能这么坏？你说。"

"啊。"公子允紧紧握住公子翚的双手，使劲摇了几摇，眼睛里沁出泪花，"他不把位置还给我，我认。可他不该想要我的命，他不该跌破做人的底线。"

"是的，他不该跌破底线，这很不贵族。"公子翚附和道。

公子允说："老翚，你能不能帮我个忙？"

"什么忙？"

"能不能帮我找个刺客，把鲁隐公做了？事成之后，你要啥，尽管开口。"

公子翚当即拍胸脯："领导，我能要啥，我主要想守护底线。既然您下了指示，我这就去办。"

这年冬天，鲁隐公在一个姓寪的小贵族家里举行斋戒，公子翚的刺客顺利潜入。随即一份讣告传出来：鲁隐公身亡。公子允正式即位，是为鲁桓公。

这个故事能告诉我们几个道理：

首先，道德在中国还真发生过较大的作用，把国君都教育得憨头憨脑，很接近一个和谐社会。

其次，道德已经出现危机，有些敢于率先抛弃道德的人，开始成为胜利者，他们的成功可以复制；而憨头憨脑的君主，正逐渐被时代淘汰。

最后，千万千万不要拒绝坏人的好意，否则你会死得很惨。

纯正贵族宋襄公的悲惨命运

公元前 643 年，一个巨大的噩耗，在黄河流域不胫而走，也很快传到了长江流域。

人民的好霸主齐桓公永垂不朽！

各国报纸的头版头条，都是这十三个粗大的黑体字。悲伤四处蔓延，到处都在缅怀齐桓公，只有一个例外，那就是新兴的超级大国——楚国。

楚国汉水社发布公告：风水轮流转，该是我们敬爱的领袖楚成王上场的时候了。

与此同时，楚国中央调兵遣将，准备北上。北方诸侯国得到消息，一片大哗，齐齐把目光射向南方，纷纷质问："楚国的南蛮们，你们到底想干什么？"

楚成王直言不讳："呵呵，不干什么，就是想去接收霸主的位置。"

北方人民傻眼了，平津危急，华北危急，中华民族危急。可是霸主死了，群龙无首，谁来掌舵，对抗野蛮的楚国。

这时，宋襄公果断地站出来："我要继承齐桓公的遗志，治国平天下。"他召集一帮恓惶的诸侯开会，会议议题是：如何重新建立一个团结的大家庭，对抗楚国的威胁。

楚成王说："看来，我只有考虑武力接收了。"

公元前639年，宋襄公把会议地点定在盂地，还给楚国发了一张请柬，邀请楚成王列席。楚成王刚刚伐了许国，灭了英国（不是大不列颠），心情好得不得了，接到请柬，扑哧一笑："就凭你小小的宋国，也敢充老大？好，我带点颜色去，在会上给你瞧瞧。"

会上，当着陈、蔡、郑、许、曹等诸侯的面，楚成王真的给了宋襄公一大桶颜色——埋伏的甲士一举擒获了宋襄公，以此要挟宋国。宋襄公毫不屈服，传出消息，要国内另立新君。楚成王一想，这样做，难以让人心服口服。两国在亳地谈判，楚国把宋襄公释放。

第二年，郑文公偷偷去朝见楚国，宋襄公很生气，声称要讨伐郑国："郑国，是中原和楚地的交通孔道，不打服郑国，整个北方联盟有垮塌的危险，齐桓公建立的功业就有可能毁于一旦。"

那边，楚成王勃然大怒："齐桓公在，我没得选，但是现在，我要当老大。谁要阻拦我，我杀他全家。"立刻发兵北上，援救郑国。

宋国的大司马知道楚国不好惹，劝宋襄公："上天抛弃我们宋国很久，您还是别折腾了，窝在家里好好过日子吧。"

宋襄公当成耳旁风。

楚国军队开拔到泓，两军隔河相望，宋襄公指指自己的屁股，说："老大的位置在这，有本事就来抢。"

楚成王说："好，你渡河还是我渡河？"

宋襄公说："你渡，我保证不半途邀击。"

宋人开始布阵，楚兵开始渡河。宋军司马劝宋襄公："领导，他们人多，我们人少，趁他们没渡完，立刻进攻，还有胜算。"

今天津津乐道兵法权谋的中国人，肯定会赞同宋司马的意见，因为我们奉为民族骄傲的《孙子兵法》里，就谆谆告诫了："客绝水而来，勿迎于水内，令半济而击之，利。"

但是宋襄公对民族的瑰宝不屑一顾："出来混，就要讲信用，我说让他渡河，就不能半途变卦。"

楚军全部渡完河，楚成王一身干燥上岸，对宋襄公竖起大拇指："谢谢你讲信用，我也尽力讲信用，说杀你全家，就杀你全家。"

两军立刻打在一起，楚军骁勇，宋军很快一败涂地，宋襄公也被一支箭射中大腿，被手下七手八脚抬回去，望着大家埋怨的目光，宋襄公躺在病床上，语重心长地说："同志们啊，做一个货真价实的贵族，是不容易的。打仗，不能重复杀伤敌人（或曰应解释为不杀儿童），不能抓头发斑白的老头子，不能依靠险隘取胜。寡人虽然是亡国的余孽（宋国是商朝的后裔），也应该恪守道德。人家没渡河，没列阵，你怎么能去攻击呢？"

据史书记载，宋国的同志们并没有被宋襄公说服，几千年来，被他说服的人寥若晨星，伟大领袖毛主席干脆说，宋襄公秉承的是"蠢猪似的仁义道德"。但是，我却实实在在被他说服了，虽然我眼睛里并没有含着一泡泪，那只能说明我泪点有些高。其实，我是真的非常感动：原来我们这个民族，也是曾经出过纯正贵族的。

鲠直的贵族——拒绝裙带关系

曾经有一段美好的爱情，不，婚姻摆在了郑国的已婚男人、太子忽面前——齐僖公主动要求把女儿文姜嫁给他，还附赠很多彩礼。

然而太子忽拒绝了，他没有找"不可以，我是已婚男人"这种无厘头的托词，人家是贵族，娶个三妻四妾很正常。不过他的托词是另外一种无厘头："结婚讲究门当户对，齐国是大国，郑国是小国，我一向安分守己，不想攀高枝。"

这句话要是被穷小子于连听去，估计整张脸会发绿，人家一直发愤图强，孜孜不倦地跟市长的老婆私通，跟侯爵的女儿勾搭，为了什么？不就是为了攀上高枝，挤进贵族的行列吗？欧洲诸国王室的表哥表弟们听了，也不会给太子忽好脸色："就你安分守己，我们就无耻势利？这是政治，懂吗？同志呀，要懂得讲政治，顾大局，加强理论学习，否则，将来有你好受的。"

既然公子忽不要，齐侯只好把文姜嫁给了鲁桓公，当然，鲁桓公为此付出了代价，十五年后，他那位齐国公主老婆和齐国新国君私通，把他诱骗到齐国，让大力士公子彭生像掰月饼似的，掰成了两半。好在他究竟是个国君，没有白白牺牲。为了顾全大局，齐国政府把贵族彭生宣布为临时工，推到前台当替罪羊，给他偿了一命。

我们可能会说，太子忽其实是有眼光的，他拒绝了一段并不美好的婚姻，以及附带成为两瓣月饼的命运。但这只是马后炮，谁能确定文姜嫁了英武的太子忽，也会玩出轨呢？谁能保证，文姜嫁了帅哥太子忽之后，就不会从一而终呢？感情的事是说不准的，同志。

几年后，又一段真的很美好的婚姻摆在了已婚男人、太子忽面前，他仍旧没有珍惜。这回是因为他帮齐国击败了入侵的北戎，齐僖公很感激，再次主动提出，把另一个女儿嫁给他当老婆。

当时郑国上卿祭仲也在场，劝太子忽："好机会千万别错过，你那几个弟弟的外公势力都很大，虽然你是太子，可要想得到君位，还得靠实力。有了齐侯做岳父，就高枕无忧了。"

按说一个人不应该两次踏进同一条河流，但太子忽仿佛是夸父，他甩开脚丫，很快追上了自己第一次踏入的那段河流，也就是说，他再次野蛮拒绝了上天的第二次眷顾，摇摇头："以前赋闲在家的时候，我都不敢攀高枝；现在奉君命在齐国打仗，却带一个老婆回家，这像话吗？士兵看了会怎么想？老百姓看了会怎么想？要知道，我是贵族，贵族哇，一举一动都要受民众的监视，一举一动都要做民众的表率。"

看来这位公子的道德情操确实高尚，但现实对高尚的人可没那么温情。

五年后，也就是公元前 701 年，郑庄公挂了，在祭仲的帮助下，太子忽总算顺利继位，是为郑昭公。但他的弟弟公子突的外公，宋国的大族雍氏不干了，他向宋庄公哭诉，要求帮忙。宋庄公于是郑重邀请祭仲来宋国访问，祭仲一出车站，就被宋国公安控制，当场给了两个选项：立公子突为国君，或者死。祭仲不想死，接过铅笔，勾了第一个选择项，又屈辱地写了保证书，在宋国士兵的"护送"下，带着公子突回

鲠直的贵族——拒绝裙带关系

国继位。太子忽，也就是现在的郑昭公一听，只好逃亡卫国。他果然为他的不讲政治付出了代价。

太子忽两拒高枝的故事告诉我们，不管你的道德情操有多高尚，都应该时时把自己摆在一个"凤凰男"的位置，那样你才能保持滔滔不绝的忧患感，从而最终所向披靡。当然，如果你执意要做一个贵族，那，也没什么不对，只是会比较倒霉。

贵族时代的战争

讲一件鲁宣公十二年的事吧。这年的春天，楚国讨伐郑国；三个月后，郑国国君打个赤膊，牵着头羊，大开城门，向楚国投降。楚王接受了投降，慈祥地说："什么时候改正错误，都不算迟。"

但城破之前，郑国已向晋国发出了求救信号，只是晋国办事拖拉，军队开拔，才走到黄河边上，听说郑国已经投降。晋国中军主帅荀林父立刻召开军委会："看来楚国人很能打，我们还是回去吧。"

副将先縠举手发言："领导，我不同意。我们晋国，是响当当的霸主，怎么能听到楚兵厉害就开溜？这样下去，很快就没有小弟。您要是真怕，我带自己的手下渡河。"

荀林父有点脸红："说哪里话，我不是怕他，是怕兄弟们辛苦。"下令全军跟进。

其实楚军对战胜晋军也毫无把握，当时孙叔敖为令尹（丞相），劝楚庄王避战，但庄王的宠臣伍参，也就是伍子胥的爷爷，坚决主张参战："君王，您这回是御驾亲征，怎么能避让晋国的臣子？传出去，笑掉人大牙。"

楚庄王说："看来，是非打不可。"命令孙叔敖整兵抵御。

不知出于什么原因，接着楚庄王派了个使者，去晋营求和；晋方也求之不得，约定盟誓。但盟誓日期未定，楚国搞了一点小动作，也就是派勇士致师，单车向晋营挑战。

和骑兵时代不同，车战时代的挑战，起码得配备三个人：司机、领导、保镖。在那个时代，他们分别称为：御者、主将（普通战车也称车左）、车右。楚国致师的这辆单车（不是自行车），车上三人的名字分别为：许伯、乐伯、摄叔。我们不要误解他们都年龄老迈，是大伯、大叔辈，那时的伯呀叔哇的，只是兄弟排行而已，而且都是贵族才有的称呼。这三个家伙，个个都七个不平，八个不忿，一百二十个不含糊。许伯首先开口："我听说致师，司机应当开足马力，靠近敌军营垒绕一圈回来，车上红旗猎猎作响，这才叫爽。"乐伯说："我听说致师，车左应该弯弓狂射，到了敌营，代替司机挽缰，让司机下车轻松刷马而还。"摄叔也不甘落后："我听说的致师，版本和你们都不相同。车右应该突入敌军营垒，割敌军一只耳朵，再抓一个俘虏回去。"

三人背诵完了他们的士兵守则，开始行动。没过多久，他们就在回程的路上，都圆满完成了任务。但是有个麻烦，车屁股后面，紧紧黏着晋国的追兵，中间一坨，两边各一坨。乐伯不客气，弯弓就射，左边的一坨他射马，右边的一坨他射人，最后只剩下中间那坨还恋恋不舍，不离不弃，而他只剩下一枝箭，要逃走，看来是不可能了。这时，他看见路旁游弋着一头麋鹿（那时环保真好），果断射出一箭，将其击毙，然后命令摄叔："按作战守则办。"

摄叔立刻跳下车，扛起那头麋鹿，挡住中路的追兵，说："不是适当的季节，没有什么好东西，这头麋鹿，希望您不嫌弃，带回去给下属尝尝。"

中路追兵的主将叫鲍癸，一听傻眼了，人家这么讲礼貌，严格遵循作战守则，自己不能蛮不讲理，只好下令停止追击，对部下说："这三个家伙不简单，车左善射，车右文采好，都是名副其实的贵族哇！仰望中……"

楚国的三位贵族兄弟，就这样开着一辆马车，带着一个晋国俘虏，平安回到了军营。

故事并没有完。晋国的魏锜听说楚国的三位致师者就这样白白跑了，很不服气，决定也去楚营走一趟。回程的路上，他后面紧跟着的是楚国的潘党。魏锜手忙脚乱，好在他也及时发现路边有麋鹿，而且是六头，当即如法炮制射了一头，叫车右献给潘党："当兵这么辛苦，平时没什么机会吃上足够的鲜肉吧，如不嫌弃，收下它如何？"潘党一看，敢情这魏锜也是一个响当当的贵族啊，算了，也只好下令收兵回营。

这就是贵族时代的战争，也许会有人觉得他们虚伪，但我却腐朽地认为，不管在什么领域，有规则，永远比没有任何规则好。

鲁国的高考题

公元前 702 年，也就是鲁桓公在位的第十年，齐国、卫国和郑国突然勾搭成奸，攻打鲁国。

这件事的始作俑者，是比较富裕的郑国，原因还得上溯到四年以前。

话说四年前，有个少数民族政权，叫北戎的，突然攻打齐国，齐僖公二话不说，决定向各诸侯国求救："不是我自己搞不定侵略者。但我们既然是'北方华夏公约诸侯联盟组织'的一员，就应该互相协助，共同防御野蛮人，才能保证我们齐国即使碰到天灾人祸，也不会降低生活水平。"

郑国接到求救后，郑庄公立刻召开军以上干部大会，会议一致决定：立刻派遣太子忽带领精锐部队，帮助齐国抵御野蛮人的侵犯。

太子忽风风火火赶到齐国，发现已经来了好多华夏联盟的诸侯，大家聚在一起，浴血奋战，击退了戎兵，捍卫了齐国的主权。之后，齐僖公召开宴会，犒赏所有来救的诸侯。他首先发言："宴会之前，我们首先要进行授勋仪式。这个仪式很复杂，为了充分体现仪式的庄重性和严肃性，我提议，从诸侯中遴选一个最懂礼仪的代表来主持。大家说，哪个国家的代表最能够担当这个重任？"

大家沉默了一会儿，太子忽首先举手："我提议鲁国。鲁国，是周公的后裔，当年解放战争中功劳最大，封地最肥，天子颁赐的乐器最全，文化水准最高。鲁国，当仁不让。"

齐僖公说："有道理，我也站鲁国。"同时举起一只手。

榜样的力量是无穷的，很快更多的代表举起了手。齐僖公说："有反对的吗？"统计员的声音在大殿的四个角落此起彼伏："没有—没有—没有—没有。"

"好，全票通过。"齐僖公说。

于是鲁国代表出场，开始安排座次。但很快出现了争执。只听见大殿上郑国太子忽愤怒的声音："不，凭什么我郑国的座位排在最后？凭什么？我们这次功劳最大，俘虏了北戎的两个主帅大良和少良，砍下北戎军中三百个带甲武士的脑袋，因此导致北戎军队精神崩溃。凭什么我们郑国反而排在最后，凭什么？何况刚才是我首先提议让你们鲁国主持，早知道这样……"

但是他的声音被鲁国代表的声音打断了："凭什么？不凭别的，就凭你们郑国爵位最低。确实，你们郑国这次兵最多，后勤最好，功劳最大。可我们大周的天下，朝廷排座次只看爵位。你们郑国只是伯爵，其他的诸侯不是公爵就是侯爵，而杞国、许国那些爵位更低的子爵、男爵这回又都没来，你说，我能怎么办？同志，不要冲动，不要忘了我们大周的政治纪律，要珍惜自己的政治前途。尤其你最后一句话，说得很不得当，我鲁国这回主持礼仪，不是你首先提议不提议的事情，我相信你的提议，也是出于公心，是确确实实觉得我们鲁国好，而没有指望我们因此徇私舞弊，是吧？"

太子忽脸色铁青，屁股重重顿在最后一张椅子上，嘴里喃喃地说："鲁国，你他娘的记住，这件事，咱们不算完。"

所以，四年后，郑国纠集了齐、卫两国，来讨伐鲁国："只要鲁国肯为四年前的事赔礼道歉，咱们就算结了。"

鲁桓公也紧急召开常委会，会上，鲁国的大臣破口大骂："这郑国心胸狭小，果然也只配做个侯爵。还有齐国，什么玩意，它郑国伯爵不懂事，你齐国侯爵，又是解放战争的顶级功臣，也不懂事？也忘了政治纪律？现在这世道，真是礼崩乐坏，好不了了。史官，给我把这事记下。记住，要用春秋笔法，让我们的子孙看看，我们鲁国都碰到些什么野蛮人。还说人家北戎野蛮，我看都是一路货。"

史官立刻饱蘸浓墨，在竹简上义愤填膺地写下一行字：

齐侯、卫侯、郑伯来战。

这里需要解释一下，什么叫"来战"。原来这就叫春秋笔法。意思是我们没惹你，你自己跑我家来打仗，相当于现在的"寻衅滋事"。有人可能会问，难道写"侵略"不是更好吗，不是更能体现敌人的野蛮无道吗？其实不是的。在春秋时代，"侵"是一个褒义词。《说文解字》："侵，渐进也。从人持帚，若扫之进也。"许慎把"侵"解释为"渐进"，既不通俗，也不准确。其实从古文字来看，"侵"的字形像手持笤帚，辛勤洒扫，这种扫地的姿势，很像蚕食桑叶，慢慢来。但它和"伐"这个词一样，当时的确是褒义。在《周礼》这部书中写到：如果有个国君"贼贤害民"，那就应当"伐"他；如果他竟怙恶不悛，那就应该"侵"他。也就是说，"侵伐"两个字，是国际社会征讨有罪国君的专用褒义词，鲁国当然不会用。

这一年，鲁国的高考题应该有这么一道：

我公十四年，郑人纠集齐人、卫人＿＿＿。

A：来伐　　　　B：来侵

C：来战　　　　D：以上答案都不对

要记住，标准答案是 C。

很快又过了十几年，到了公元前 684 年，也就是鲁庄公十年，齐国又发兵攻打鲁国，这回的发起人，是赫赫有名的齐桓公。他的理由是：去年我和哥哥公子纠争君位，你鲁国竟然发兵护送公子纠回国，想帮助他抢班夺权，严重干涉我齐国内政。好在我腿脚利索，在莒国的护送下，早一步赶回国，变成了齐桓公，才能顺利发兵击退你鲁国军队，杀死公子纠，维护我齐国的国家主权和领土完整。这事我虽然占了便宜，但账不能这么算，你还欠我一个道歉。

于是在今年，齐桓公再次发兵，要找鲁国讨个说法，在齐桓公的字典里，这种行为理直气壮，叫"侵"，或者"伐"。

但鲁国也觉得自己委屈：当初护送公子纠回国，是你们齐国的看守政府邀请的。怎么能叫干涉你齐国内政？再说你小白不也是在莒国这个外部势力的帮助下，才取得君位的吗？只不过你腿脚快点儿罢了。你当时还把我们痛扁了一顿，本来就很过分，竟然还不依不饶，太不要脸了。不就是仗着你个子大、疆域广吗？

于是鲁国也紧急动员，发兵抵抗，在谋臣曹刿的帮助下，鲁军在长勺一鼓作气大败齐军，这就是我们初中语文课本上赫赫有名的《曹刿论战》。

齐桓公这回出兵，没讨到说法，还给国内新添了不少烈属，越想越窝囊，这一年的晚些时候，他又纠集宋国，再次来找鲁国讨说法。这回就不能叫齐军了，应该叫联军。他找宋国做帮手，并不是因为自家国弱，力不从心，而是想告诉鲁国：我是得道多助的，你是失道寡助的。这世界上暴力不能包打天下，暴力之上还有公理，还有头顶的灿烂星空和心中的道德律。不是我齐国来讨伐你，讨伐你的是以我齐国为首的"多国部队"，面对正义之师，你还是尽早割地赔款为妙。

谁知这次鲁国也不多说，突出奇兵，先发制人，以锐卒先行攻击弱势的宋国军队，在乘丘将其全歼。齐国人大惊失色，撒腿就逃。鲁军喜滋滋地凯旋，向太庙献捷。六月，鲁国的高中生又一次参加高考，不出所料，这一年的时事选择题又有一道类似的：

　　我公十年，齐师、宋师 ___ 。

　　A：来伐　　　　　B：来侵

　　C：来战　　　　　D：以上答案都不对

　　标准答案：C

　　这基本是送分题了，凡是合格的鲁国语文老师，在讲解模拟试卷的时候，都应该会告诉孩子们："记住，这道题十几年前的高考就出现过，一定要填C。别看只有小小的一分，全鲁国这么多考生，一分没准就甩掉几百人，也许你毕生的命运，就靠这一分，它决定了你这辈子能不能吃香喝辣。"

鲁国的高考题

　　楚平王派他的长子王子建去城父挂职。稍微有点文化的人都知道，城父是个古城，中国第一个农民起义领袖陈胜同志，就是在那附近不远的下城父挂掉的，当时是楚国的北境。王子建被贬去城父，原因说起来，很不登大雅之堂，他的未婚妻被老爸楚平王看上了，变成了他的小妈。大概老爸也有点不好意思，就劝慰他："孩子，你要是觉得心里不好受，就去城父散散心吧。"

　　《孝经》里说，资于事父以事君，王子建倒霉，两样都占了，但也只能打落门牙和血吞。他一路往城父赶，这一天，忽然发现路边有一片耕好的田。王子建觉得很新鲜，下令停车，把耕田的人叫过来询问："喂，我是王子建，你把土块翻来翻去的，这叫作什么呀？"

耕田的人名叫成公幹，他用了一个当时的通用词来回答："这，畴哇。"翻译成现代汉语，就是我们前面说的：耕好的田。

王子建很惊奇："畴，那是干啥用的？"

成公幹说："种麻用的。"

"麻又是什么东西？"王子建很有刨根究底的治学态度。大概因为他的内裤都是绫纨做的，实在不明白麻有什么用。当然，你也可以说，这家伙简直是个晶莹剔透的白痴，让你绝对、永远无法打败。

成公幹倒也有耐心："麻，是做衣服的重要原料哇。"他忽然觉得不能就这么算了，干脆坐下，让尊贵的王子接受再教育："当年俺们楚国的先君庄王北行，也路过俺们这里借宿。吃饭时，他发现我们提供的酪羹没有酸味，当即风趣地指出：'是发酵的坛子没盖好吧？'您看，俺们先君多英明啊，他连制酸酪这种高精尖技术都懂，您却不明白麻是织布原料，依俺看，王子您别想当上楚王啰。"

以上故事来自出土战国楚简《平王与王子木》，相似的内容还记载于传世古籍《说苑·辨物》，不过情节略有差异，在后者中，楚庄王懂得的不是制酸奶的

当领导的资格

技术，而是另一种可以设立博士学位的学科——沟渠及下水道治理。但两个版本的中心思想是一致的：都是批评王子建不识稼穑之艰难，而颂扬先王的多才多艺。

仿佛成公幹是个很睿智的预言家，后来的王子建果然没当上楚王，老爸派人去杀他，他只好流亡国外，最后死在郑国人手里。不过，只要喜读古书的都知道，这类故事大多为马后炮，都是知道了结果来逆推开始的，是那个时代儒家学派的标准宣传读物，当不得真。但它反映的中心思想则有一定的正义性：在人们的心目中，一个不识稼穑之艰难的王太子，很难想象他即位后能治理好国家，会对老百姓好。与其生活在不确定的恐惧之中，不如在书里就把他"拍死"掉，岂不快哉！

但做国王，真的需要识得稼穑之艰难，真的需要懂得制作奶酪，真的需要了解下水道清理技术吗？对这个问题，我坚定地摇头：不。

因为历史上很多不懂耕田和制奶的贵胄公子，都顺利当上了国王甚至皇帝。鲁哀公就曾对孔子说："寡人生于深宫之中，长于妇人之手，寡人未尝知哀也，未尝知忧也，未尝知劳也，未尝知惧也，未尝知危也。"但人家还不是好好地做着国王吗？汉文帝生下来就锦衣玉食，竟成了中国最成功的皇帝之一。所以，当领导或者当一个合格的领导，和懂耕田、制奶酪以及疏通下水道，没有一毛钱的关系。

王子建之所以没当上楚王，是因为未婚妻被老爸霸占。他的未婚妻给他老爸生的儿子，也就是后来的楚昭王，即位时还不到十岁，我们总不能说，那个小学还没毕业的鼻涕虫，比大学毕业生王子建更有资格当楚王吧？

那么，真正当领导的资格是什么呢？很简单，他可以不懂耕田种菜，可以不懂制作酸奶，也可以不懂疏通下水道，但他必须懂得不要去折腾百姓。从中国历史来看，领导越喜欢折腾，百姓越过得生不如死。如果在现代社会，他还必须懂得，他的职位来自纳税人的选票，或者即便来自世袭，他的权力也必须受到各种详细的法律条文和机构的制约。这样的话，就算他无知到把鹿认成马，把马当成老虎，他依旧会是一个合格的领导。

最后我还想夸奖一下成公幹，这真是一个生活在春秋时代的农夫，虽然他的观点腐朽，但勇气可嘉。他不亢不卑，竟敢直言教训王太子；而现在的中国人，敢当面顶撞村长的只怕也凤毛麟角。这说明，一个春秋时期大国的王太子，他的地位给普通农民带来的恐惧，还不如当今的一个村长。

贵族的自尊心

　　我们都知道，贵族的脾气很大，这倒不是说，他们喜欢对保姆发脾气，那是暴发户，而不是贵族。贵族有点像鲁迅所说，当他们拔剑而起之时，是对更强大者说不。欺负弱者的贵族，我很少在史书上看到。贵族发脾气，大多是因为自尊心受损，和贵族打交道，这点不可不知。很多贵族，就死于超强的自尊心。当然，按他们自己的说法，那叫荣誉。

　　有个叫宋殇公的贵族就是被这种所谓荣誉给害惨了，看他的谥号，就知道他多命苦。他一即位，就开始跟郑国打仗，纠集了好几个同盟国，卫、陈、蔡、鲁，伐郑。郑国不甘心，按照春秋时礼尚往来的规矩，第二年约了邾国"报伐"，一直攻入了宋都的外城。宋殇公赶紧派了使者去向同盟鲁国求援。当时执政的鲁隐公也不知怎么搞的，假模假式地问："敌人挺进到哪儿了？"使者急了，没好气地回了一句："还好，没攻入内城。"意思是，敌兵打到外城，地球人都知道，你还装什么蒜。鲁隐公一听也怒了，好，你是贵族，脾气大，我老人家也不是普通百姓，凭什么受你的鸟气，于是冷笑："贵国国君派你来这，叫寡人和贵国同患难，寡人刚才问你军情，你却说还没入内城，看来贵国的防守做得不错呀，寡人这着急倒是多余了。送客。"

使者气呼呼地回国，好在春秋前期诸侯相攻大多不会玩大，给出点颜色就会撤兵。敌兵撤退后，这年冬天，宋殇公也发兵，依例"报伐"郑，攻占了郑国的长葛。郑国觉得这样没完没了打下去也没太大意思，决定和宋国媾和。宋国也巴不得，于是双方在宿地会晤，正式签订和约。

鲁隐公听说同盟倒向了郑国，有点害怕，于是反思了一下自己的行径，觉得虽然宋殇公及其使者的脾气不大好，但自己也不是那么完美无瑕。当时人家被郑兵攻破外城，火烧眉毛了，自己不立刻发兵，还跟人家开座谈会，确实有点那个。在这种内疚的心理驱使下，鲁隐公做了一件事补救：发兵攻打邾国。

这件事是做给宋国看的：上次我错了，辜负了我们的情谊。这次我教训一下邾国，替你出气，你该原谅我了吧？

谁知宋殇公上次气得比较狠，对鲁国的主动求欢很冷淡，没有丝毫回应。鲁隐公等了半天，没等到贺电，心中很是失落。不过邾国小得不值一提，自己伐了它，实在不足特别炫耀，也就罢了。好在两年过后，有件事让他重新燃起了激情。

原来这一年，宋殇公不去朝见周天子，让周天子不高兴了。当时兼职周王左卿士的郑庄公正义之火熊熊燃烧，悍然撕毁了和宋国的盟约，要大义灭亲，替天行道，很快，他打着周王的旗帜，开往宋国，兴师问罪。

听到这个消息，鲁隐公乐开了怀，注意，如果你这会儿怀里揣着小人之心，最好马上扔掉。人家鲁隐公是堂堂贵族，不带幸灾乐祸的，那不符合贵族伦理。他只是天天站在城楼上，朝着宋国的方向眺望，希望能看到一骑红尘从宋国飞驰而至，气喘吁吁地报告：不好了，郑国入侵敝国了，求求您，发兵救救我们吧。

但是直到战争的硝烟散尽，鲁隐公也没等到半个信使，宋国压根不鸟他，也就是说，没打算原谅他，宁愿挨打，也不屑向他求救。他气得辗转反侧，几天后，黑着眼圈下了一道痛苦的命令："去，给我驱逐宋国的外交官，让那个宋殇公见鬼去，寡人现在正式宣布，跟那鬼宋国一刀两断。"

宋殇公要是知道鲁隐公这么痛苦，他或许会暗暗快意，自尊心终于挽回了。不过，很快他自己也付出了代价，因为缘爱成恨的鲁隐公纠集齐国人，加入了郑国讨伐他的阵营。在强大的军事压力下，宋殇公内阁无法一门心思建设和谐社会，不久轰然倒台。还有一个很有名的人为他陪葬，那个人叫孔父，是孔子的先祖。

这俩坏蛋确实像贵族

公元前 549 年，晋国准备进攻齐国，以报复前一年齐国对他们的攻伐。齐庄公吓得要死，赶紧派人去向楚国求救。楚康王挺够意思，当即发兵进攻郑国，试图围郑救齐。因为这时郑国是晋国的保护国，晋国肯定要放弃攻齐，回兵救郑。

楚国人正在郑国国都东门骚扰，以晋国为首的多国部队果然来了。晋平公命令贵族张骼、辅跞："你们俩去向楚军挑战（致师），给他们一个下马威。"

两人爽快地接受了命令："不过我们地形不熟，希望郑国派个司机。"

听到请求，郑国当即举行占卜，看派谁去合适。卦纹一出来，最吉利的人是宛射犬，郑国公孙，一个骄傲的贵族。

宛射犬器宇轩昂准备出发，总理子大叔叫住他："公孙，虽然你地位尊贵，但那只是在咱们国内。晋国是大国，张骼、辅跞也血统高贵，你去当司机，收敛一点，千万别跟他们分庭抗礼。"

"哪里的话？"宛射犬说，"总理，您也太小心了。大国也要讲道理。我是司机，一辆车上，当然我说了算。"

子大叔摇头："千万别，小土山上，可种不下松柏，咱们郑国，就是个小土山。"

宛射犬不答，驾着车来到了晋国军营，张骼、辅跞眼皮都没抬："射犬同志，你好，打仗，是下午的事，我们哥俩昨晚熬夜，还没睡够。你自己请便。"说着睡眼惺忪地走进了帐篷，一会儿，鼾声大作。时值冬季，外面寒风呼啸，宛射犬坐在帐篷外，气得要命："这俩王八蛋，血统高贵个鬼，一点礼节都不懂，哪像什么贵族。"

好不容易到了吃饭时间，张骼、辅跞打着呵欠起来，坐在桌前大嚼，酒足饭饱，好像发现了新大陆："咱们司机还没吃呢，喂，射犬，快来，还剩了不少，吃吧。我们去梳洗一下。"大摇大摆走了。宛射犬饥肠辘辘，看着满桌的残汤剩羹，也没法赌气不吃，究竟待会儿还要开车，没体力不行。他边啜吸着残羹，心中边骂："这俩王八蛋，简直是吃屎长大的，完全不懂礼貌，哪像什么贵族。"

很快，两个人披挂整齐回来了，看见宛射犬，叫道："射犬同志，吃好了没有，马上出发。"说完，他们分别跳上自己的车，一溜烟出了营门。宛射犬赶紧咽下最后一块馒头，爬上自己的广车，一鞭子抽去，驷马扬蹄，尾随他们而去，嘴里低声大骂："这俩王八蛋，不坐老子的车，叫老子来干什么？"

马车跑得飞快，很快楚国的军营遥遥可见。张骼、辅跞突然齐齐勒住了自己的奔马，将车刹住，召唤道："射犬同志，敌人军营快到了，现在你载我们过去，我们要在门口叫阵。"

宛射犬懒懒地应了一声，看着两人跳上自己的车，尤为奇怪的是，他们还各各抱着一张琴。宛射犬问："咱们可不是去开音乐会。"

两人笑道："你们郑国人打仗之前，不先陶冶一下情操吗？"他们把琴放在车轸（车后的横木）上，手指轻弹，一阵美妙的乐曲登时飞了出来。宛射犬心里暗骂："这俩王八蛋，会弹个鸟琴就是贵族了？弹得再好，不懂礼貌，也是两坨屎。"他轻踩油门，很快到了

这俩坏蛋确实像贵族

楚国棘泽军营前，回头看看两位乘客，他们仍摇头晃脑，弹得正欢，好像完全沉浸在自己的艺术世界，物我两忘。宛射犬气不打一处来，突然恶向胆边生，猛踩油门，马车瞬间加速，像箭一样射入了楚国的军营。

"这俩坏蛋，叫你们嘚瑟。"宛射犬兴奋地喘气，心里暗笑，"让楚国人来收拾你们。"

很快就到了壁垒，楚国士卒像蚂蚁一样，躲在壁垒后。车上的音乐声止住了，两位乘客不慌不忙从袋子里掏出头盔，认真戴在头上，然后大叫一声："干活。"像两只鹰一样跳下马车，一人抓住一个楚国士兵，以扔沙袋的方式朝另外一群楚兵扔去。旋即又就近抓住一个，再投……接连掷了几个，才各自夹着一个楚兵，准备撤退。但见宛射犬的马车已经驰出了军营，赶紧大步追赶，他们跑得飞快，几个起落就将马车追上，身体一腾，相继跳上。将俘虏扔下，从弓袋里抽出弓箭，悠闲地回射追兵。

过了一会儿，追兵逐渐变成了一个个黑点。两位乘客将弓收起，再次搬出琴，放在车轸上，飞指奏起乐来。一边奏，一边问："公孙，既然同乘一辆车，就是兄弟，怎么两次都不商量，就径直猛踩油门冲入冲出？"

宛射犬暗想："这俩家伙，还真有点本事，这样都搞不死他们。"嘴里只能说，"开始只想冲进去抓两个俘虏，同仇敌忾嘛。后来发现敌人太多，又有点胆怯，情不自禁就想逃跑，惭愧惭愧。"

两乘客猛然一按弦，哈哈大笑："公孙，你的性子太刚直了，受不得一点委屈。不过，这样倒真像个贵族。先前，是我们对你不住，请原谅。"

宛射犬倒真不好意思起来："说真的，你们俩还真有点本事，虽不讲礼貌，却心胸开阔。怎么说呢？能为你们驾车，似乎确是一项荣誉。"

这俩坏蛋确实像贵族

贵族您好，贵族再见

　　叔孙豹，是鲁国第一副总理，分管兵车制造等工业领域。这天，他带着私生子竖牛，去著名的风景区丘蕕打猎。但因为年老古稀，抵抗力差，一下子病倒了。竖牛看着不对劲，去找叔孙豹的长子孟丙商量："咱爹病了，您看要是——"

　　孟丙粗暴地打断他："咱爹——我说阿牛呀，你娘跟我爹，不过是露水夫妻。这不光彩的事，咱们还是尽量别提了，我爹，毕竟是个响当当的贵族。"

　　竖牛脸红了一下："嗯，少主君说得是，阿牛唐突了。"

　　望着竖牛的背影，孟丙又嘟囔了一句："死私生子，又黑又丑，眼窝深得像口井，嘴巴长得像头猪，也不撒泡尿照照，跟我摆贴身管家的谱。等我即了位，第一时间把你废了。"

过几天，孟丙去觐见叔孙豹，被竖牛挡住了："主君身体不好，凡事都由我传命。"

孟丙笑嘻嘻说："阿牛，是这么一回事。当初我从齐国回来，我爹就说：'给你铸个钟纪念吧，顺便搞个宴会，办个落成典礼，把贵族们都请来，确认你叔孙家继承人的地位。'现在钟已铸好，客人的名单也拟好，就等我爹选个吉日良辰了。"

竖牛说："哎呀，真是天大的喜事。您在此稍候，我这就去给您传话。"

他进去，在院子里转了一趟，又出来："主君说了，就选在甲子这一天，好日子，适合建房嫁娶。"

甲子日上午，叔孙豹躺在病床上看书，额头上系着一块湿润的丝绸。突然，一阵洪亮的钟声响起，吓得他手一抖，竹书掉到了地上。他咳嗽得死去活来，好一会儿才缓和，说："谁在敲钟，为什么敲钟，想吓死我吗？"

竖牛跑进来，期期艾艾地说："爹，是齐国那边来客人了，我哥孟丙正办宴会招待呢，比较隆重，毕竟是我哥他母亲派来的人嘛。"

"岂有此理。"叔孙豹一撑床栏，"扶我起来，这个不肖子，当年我一扔掉齐国绿卡，回国发展，他娘就忙不迭改嫁。这淫荡的妇人，还有脸派人来。"但是他鸡骨一样的手臂，撑不住鸡排一样的身体，又跌回床上，重新咳嗽起来。

竖牛说："爹，您别动气。我听说——您要是动气，不就遂了他的愿吗？"

"听说什么？"

"这个，也没听说什么，真的，爹，您好好养病吧，您要是真气出个三长两短，他们说的，您就应上了。"

叔孙豹懂了："啊，传我的命令，宴会一散，就立刻把那个逆子抓起来，押到野外去杀了。这天杀的畜生，敢诅咒我，我永远不要见他。"

过了一阵日子，竖牛又去找叔孙豹的次子仲壬："咱爹病着，大哥又遭了不幸，您看要是——"

他的话被仲壬粗暴打断："咱爹——我说阿牛呀，你娘跟我爹只不过偶然在庚宗那个地方邂逅，我爹一时性起，犯了点天下男人都会犯的错误，虽然并不光彩，但有什么好提的？我爹毕竟是个响当当的贵族。"

竖牛脸红了一下："嗯，您说得是，是阿牛我唐突了。"

望着竖牛的背影，仲壬又嘟囔了一句："这个私生子，野心不小，不知我爹为啥这么信任他，说什么做了个梦，梦见这竖子帮他打架，打赢了，他好感激。我看老头子是神经错乱吧，前不久还突然杀了我哥。"

过几天，仲壬带着叔孙豹的司机，去拜见鲁昭公，鲁昭公说："你就是叔孙豹那齐国的老婆生的儿子？嗯，不错不错，你母亲娘家国氏，也是齐国世代响当当的贵族，血统高贵，你来做叔孙豹的继承人，绰绰有余。"赏给仲壬一个玉环。

仲壬一回来，就兴冲冲去见老爹，在房门口被竖牛拦住了："您知道，主君生病期间，任何人都不见。"

仲壬说："那就劳烦你，帮忙把这玉环给我爹看看，这是国君今天赏赐的。"

竖牛进去，在院子里转了一下，又出来了："少主君，主君说，让你把玉环佩上，他老人家的意思，你懂的。"他挤了一下眼睛。

仲壬说："真好，谢谢阿牛。"

叔孙豹躺在病床上看书，额头上系着一块湿润的丝绸。竖牛进来，说："爹，该是带仲壬进宫去见国君，正式确认他继承人身份的时候了。"

"什么，你们都盼我死是吧？"叔孙豹怒道，"上次是孟丙，这次是你。"

竖牛赶紧道歉："爹，怎么会，我阿牛是私生子，您活着，我在这个家还能待；您要万一有事，我，我……我阿牛没有作案动机呀。"

叔孙豹一想："也是，你一私生子，上家谱都没资格，要说你盼我死，确实说不过去。但你刚才的话什么意思？"

竖牛说："主要是外面有闲言碎语，说仲壬已经私自进宫见了国君，国君还赏给他一块玉环，表示承认他叔孙家继承人的地位。现下玉环就佩戴在他身上，看那做工，确实像是宫里的宝物。"

"哇呀呀。"叔孙豹一撑床栏，想要爬起来，"真是有其母必有其子，妈不要脸，儿子也好不到哪儿去。也罢，我好歹是个慈父，不想为此再杀人，叫他哪儿来滚哪儿去吧。"

竖牛赶紧跑出去宣布："主君说，仲壬不孝，叫他滚回齐国。"

又过了几天，叔孙豹突然感觉精神抖擞，他开始一喜，继而一忧，不会是传说中的回光返照吧。他突然想起了仲壬，把竖牛叫来："阿牛呀，你看，我叔孙家，终究还是要个继承人的，仲壬的母亲出身高贵，

302

你还是给我把他从齐国叫回来吧。连咱们国君都喜欢他，应该错不了哪去。"

竖牛说："这——好吧。"

但是好几天没动静，连叫个饭菜，也不能按时了。叔孙豹感觉有点不对劲，这时家宰杜洩觐见，叔孙豹望了望四周，突然从枕头底下抽出一把寝戈，鬼鬼祟祟地说："小杜哇，我冷，我渴，我饿呀。现在我想通了，竖牛这家伙有点问题，我那两个儿子，估计都是被他算计了。你帮我杀了他。"

杜洩像接到一把烧红的火钳，忙不迭扔到地上："主君，您当初绞尽脑汁，才从民间把他找到，收为贴身小臣，现在——"他突然换了语气，嗫嚅地说："老爷，我实在没有这个能力，这里里外外，几乎都是他的人。实在对不起，我先走了。"

这时竖牛站在房门口，拦住送饭的家仆："从今天起，主君不想见任何人，饭菜，都放在那儿，全部由我转送。"

他把热腾腾的饭菜和汤端进去，在叔孙豹面前晃。叔孙豹爬起来，伸出两根鸡骨一样的手臂去抓，但每次总差那么一寸。他气喘吁吁："阿牛，我的宝贝儿哎，快把饭菜给爹呀，爹饿了，爹渴了。"

竖牛把饭菜全部倒进了马桶，笑着说："少跟老子来这套，什么爹呀儿呀的，我在家谱上连个影子都不见呢。"

叔孙豹绝望了，骂道："你是一头猪，你是一头万恶的公猪，我当初真是瞎了眼。"

竖牛把长长的喙凑近叔孙豹："就算猪，也是你的种。您好，高贵的爹，其实呀，什么贵族，您才是头地地道道的公猪，祸害妇女。呵呵，不妨老实说吧，我不但要饿死你，还要搞乱你们家。让我过不好，你们也别想好过。"

他收拾好空盘子，端起来，走出去。走到门前，又停下了，回过头，笑容可掬："贵族您好，贵族再见。"

我们贵族是有圈子的

话说竖牛弄死亲爹叔孙豹之后，加紧了自身贵族化的过程，但心急吃不了热锅汤，还得等一会儿，慢慢来。于是，他快步走到昭子——叔孙豹另一个不起眼的儿子——房间，牵着他出来，站在台阶上宣布："夫子临终前跟我说了，立昭子为后，并再三叮嘱我，一定要像照顾他老人家那样，全心全意照顾新主。这点，你们放心，我一定做得到。"他自立为家相。

没多久，鲁昭公传下话来，要叔孙家的家宰杜洩主持葬礼，安葬叔孙豹。竖牛跑去见昭子，以及家臣南遗，说："南遗兄，机会来了，现在新主已立，你不想当家宰吗？难道还任由杜洩作威作福吗？"

南遗有点不好意思，看看昭子："您看呢？"

昭子说："杜洩是侍奉我爹的，恐怕我用得不合意。"

南遗的腰杆像弹簧一样直立起来，仿佛长高了五厘米："主子哎，有您这句话，我老南就什么也不怕了。"他腾腾腾跑去找杜洩。杜洩正在人模狗样指挥工匠："这辆路车，是周王赏赐的，给主子留在地下用吧。"南遗当即伸起手臂："停，老杜，这样不合适吧？我们是贵族，贵族就要混圈子，讲礼节，排秩序，咱们老主子级别不够……"

杜洩轻蔑地瞧了他一眼，打断他："去，鲁昭公他老人家亲自任命我主丧，这有你说话的份儿？"

南遗悻悻地退下，但他没有上街购物生闷气，而是立刻跑到了总理季孙氏家里，向季孙告状："路车虽然是周王赏赐给老主子的，但我家老主子心里明白，他是介卿（副总理），没资格享用，所以一直搁着。在地上都不能用，地下能吗？老主子用着会心安吗？再者，像您这样的冢卿（总理）都不能坐路车，何况介卿？可是杜洩硬要蛮干，还呵斥我，您给评评理。"

季孙说："同志，你说得好，我支持你。鲁昭公亲自任命又怎么样？咱们鲁国的政体，是虚君贵族制，贵族才有话事权；而我作为一国总理，更有重大事情的拍板权。你马上去告诉杜洩，不许他用路车随葬。"

杜洩听到消息，并不服气，也马上来到了季孙家，说："总理，当年我们家老主子奉命朝见周天子，周王觉得我们老主子能干，才赐了这辆车。老主子不敢自用，带回鲁国后，马上献给国君，国君说：'这是王赐给你的，我不敢要。'还让三官（大司徒、大司马、大司空）把这件事记下来，您官为大司徒，当时亲自书写受赐人的名字；我们老主子是司马，书写车服器具的名字；孟孙为司空，书写了具体功勋。现在我家主子去世，却不让这车随葬，不但废弃国君的命令，还让当时的受赐典礼变成笑谈，会大大影响我们国家的光辉形象啊。请您老人家三思？"

季孙氏点头："你这家伙说得也有道理，影响国家光辉形象的事，万万做不得。那么，就按你说的办吧。"

消息传到竖牛耳朵里，他骂道："奶奶的，季孙氏这个王八蛋，耳根子这么软。也好，我也给你灌点迷魂汤。"他亲自跑去找季孙："听说您想废除国君的中军，其实呀，我家老主君早就告诉我，赞同您的看法，想等病好了，就正式向您提出这个建议。可惜，他老人家一病不起。但我觉得，您现在可以做了，不必担心别人说三道四。"

我们贵族是有圈子的

季孙果然很高兴："竖牛同志，你真不错，怪不得叔孙豹那么喜欢你。行，我这就操办。"他立刻着手，把原本属于国君的中军分成四份，他季孙氏得两份，叔孙氏和孟孙氏各得一份。还派人去找杜洩，在叔孙豹棺材前报告："叔孙豹同志，听说您生前，就一直主张把国君的中军拆散，现在我做到了，特来郑重告诉你一声。"

杜洩急了："我们老主子一向忠君爱国，怎么会主张拆散中军？他还曾经专门到祖庙发誓，不允许别人这么干呢。"一把抢过报告人手中的竹简，狠狠摔到了地上，说："到底是谁他妈搞的鬼？"

很快就到出殡那天了，叔孙豹的次子仲壬突然出现在城里，原来他听到消息，特意从齐国赶来奔丧。季孙听到消息，说："仲壬的妈身份高贵，我立他为叔孙氏的新主君怎么样？"南遗赶紧反对："总理，仲壬母家身份高贵，是齐国的大族，要是立了他，叔孙氏就会有强大外援，没准会兴旺发达，跟您老人家分庭抗礼。我觉得，让叔孙家相互杀来杀去，是件好事，您不正好可以坐山观虎斗吗？"季孙笑了笑："有你这样吃里扒外的家臣，叔孙家不乱才怪。当然，我也理解你。"南遗说："谢谢季孙先生理解，我先出去做事了。"他马上跑回去，和竖牛密谋，征发甲兵进攻仲壬。一时间乱箭齐飞，仲壬尖叫一声，一支箭射入了他的眼睛，从脑后穿出。他就这样死在奔丧的路上。

竖牛喜滋滋地对南遗说："现在，叔孙家是我们的天下了，咱们好好寻欢作乐吧。我们东边有三十个乡邑，我觉得，都该分给你。"

南遗说："牛哥，你真牛，你也该为自己要点采邑，成为正式贵族啦。"

竖牛说："嘿嘿，等咱们的新主子发话吧。"

这天，新主子昭子正式即位，把家臣全部召集起来："最近家里发生了这么多的事，我知道，大家都不想的。现在事情都过去了，呐，我听说，做人呢，最重要的是开心，我们也该信赏必罚，让大家开心开心了。同志们，你们觉得怎么样？"

众家臣欢呼："好啊。"

昭子突然严肃起来："那我就公布了，今天要受罚的人是——"

众人紧张地看着他的嘴唇，只听他缓缓从唇间蹦出两个音节："竖——牛。"

"啊。"竖牛差点惊得跳了起来，"不可能，主君，没有我，您到不了这个位子，我怎么会受罚？"

我们贵族是有圈子的

309

昭子说："够了，你这个野种，也想成为贵族，也不撒泡尿照照。你要知道，我们贵族是有圈子的，野种，是怎样也混不进来的。"

　　几个士卒立刻上前，将竖牛按在地上，一刀下去，割下了首级。

　　昭子说："把他的头颅扔到乡下去，一个死野种，简直脏了我们的家门。"

我希望不要被写进《知音》

　　这个惊心动魄的弑君案件，源于不正当的男女关系。

　　话说齐国有个棠邑，棠邑县委第一书记，人家都称他为棠公。棠公的老婆姓姜，和国君同姓，是结结实实的齐国贵族妇女，而且很漂亮。又高贵又漂亮，棠公娶到她，简直是祖先坟头冒了青烟。可惜这股青烟不旺，没过多久，棠公突然挂了，留下一个青春漂亮的寡妇，在葬礼上光彩四射。在场有一位贵客，名叫崔杼，官为齐国总理。他睁不开眼睛，下意识举袖遮挡前额，问自己的司机东郭偃："那光源真是你姐？长这么好看，不像啊。"

　　东郭偃赌咒发誓："真是俺姐，俺也不丑，只不过你是直男癌，对俺有偏见。"

崔杼说:"好吧。你姐,我娶了。这事你帮我搞定。"

东郭偃说:"娘哎,这可不行。咱们是贵族,《贵族手册》上说,同姓不婚。您的祖先姓姜(出自丁公),俺的血统也不赖,也姓姜(出自桓公)。咱们算亲戚,您娶俺姐,这不乱伦吗?"

崔杼说:"去去去,啥年代的血缘,早过三代了。我问你,我贵为总理,你不过是开车的。要是亲戚,能混得这样天差地别吗?我弟,国防部长,那才是我亲戚。甭废话,你姐,我反正要定了。"

"总理,乱伦不祥,这要出了事,您可别怪俺。"

崔杼想了想:"那我们先占个卜试试。"

他们把卜筮局局长叫来,开始卜筮,一阵倒腾,得到了"困之大过"卦(术语),局长说:"恭喜总理,大吉大利,您就准备安心做新郎吧。"

崔杼反而忐忑了:"真的?我怎么觉得你有点哄我呀。"

"没有没有。"局长指着卦象,以一种观察胃镜的口吻说,"您看这儿,最上一条线中断,这叫兑;倒数第一条和第三条也中断,这叫坎,两个合在一起,叫困卦。兑,代表少女;坎,代表中年男。少女配中男,绝对吉利。"

我是中男不假，可她一寡妇，虽然美艳，毕竟不是二八年华，还能叫少女？带着这个疑问，崔总理来到了贵族陈文子家："老陈，你有学问，这个卦象，你给我看看。"

陈文子一向治学认真，他仔细研究，花了两个钟点，最后摘下眼镜，抬起头，沉痛地说："总理，我老陈也不是外人，可就直说了。"

"你说你说。"崔总理心里有点打鼓，但事到如今，也没法躲。

陈文子说："这坎啊，指中男不假，但你不能光看这个，卦象写着'困之大过'呢，也就是说，咱们既要看原始的困卦，也要看变化了的大过卦。大过的下面是巽，代表风。风把妻子吹得掉在地上，说明娶了不祥。我刚才翻专业字典，这个卦象的繇辞说：'困于石，据于蒺藜，入于其宫，不见其妻，凶。''困于石'者，旅行不能到达目的地也；'据于蒺藜'者，一定会受伤也；'入于其宫，不见其妻，凶'者，无家可归也。"

崔总理想了想，仿佛下了决心："好像没关系。那是个寡妇，她老公不是已经挂掉了吗？不是已经无家

我希望不要被写进《知音》

313

可归了吗？这卦呀，确实灵验，但应在他老公身上，和我，还真没什么关系。"

陈文子说："老崔，不要掩耳盗铃，你好自为之。"两人握手告别。

很快，崔总理就举行了新婚典礼。但这一切，都被崔杼的邻居齐庄公看在眼里，他也被新娘迷住了。没过多久，就成功和新娘进行了私通，还顺走了总理好几顶帽子，送给手下。有个手下说："领导，这样似乎不好吧，总理知道，该不高兴了。"齐庄公说："我一个国君，也不缺几顶帽子，只是比较顺手嘛，就拿来了。"

奸情当然很快也传到了总理耳朵里，总理大怒，决定把领导干掉："国君，国君了不起呀？你等着瞧吧。"不过他还需要一个内应，毕竟干掉领导是大事，领导身边那么多侍卫，个个膀阔腰圆，也不是吃素的。

内应很快就上门了，他毛遂自荐："我叫贾举。哦，对了，领导身边有两个贾举，有一个很能打，我不大能打，但我也是领导身边的贴身侍者。您问我为什么找您，看看我的背就知道了。"他把衣服一把撕开，露出伤痕累累的脊背。确实很可怕，青一块紫一块，全是鞭子抽出来的伤痕，"哎哟，总理，您手轻

314

点，好疼啊。总理，我要报仇。"

崔杼皱着眉头："怎么能这样对待贵族？这是不折不扣的昏君，这样的昏君，我们齐国消受不起。我爱国，但不爱昏君。你放心，找个机会，总理我一定给你做主。"

机会很快来了。这一天，莒国国君来齐国朝见，齐庄公在北郭举行了盛大宴会，招待客人。但是，他收到一张请假条：

尊敬的领导：

我今天有点不舒服，不能参加国宴了，请见谅。改日一定自罚酒三杯，诚挚道歉。

您最忠诚的总理　崔杼　鲁襄公二十五年五月十六日

齐庄公没有忘记这件事，国宴的第二天，他就跑到崔杼家探望病情。谁知刚进门，就看见老相好棠姜，顿时迈不开脚步。看什么总理，先爽一把再说。他气喘吁吁地想，美人，美人，别跑哇。

棠姜跑得飞快，一下子人影就不见了。齐庄公拍着门前的房柱子，唱起情歌来：

我希望不要被写进《知音》

315

美人啊美人你在哪里，我现在门洞里。

想着你的肉体，你有没有打喷嚏。

美人啊美人你在哪里，我现在门洞里。

想着你的气味，你来不来跟我睡。

崔杼情不自禁鼓起掌来："好，这王八蛋唱得不赖。那谁，把大门关上，免得声音泄出去，显得不浑厚。"

贾举马上跑到门口，对齐庄公的随从说："听见没，领导今天嗨歌，要乐乐，你们先回去吧。"说着把大门一关，墙头上立刻出现一群甲士，哄笑道："领导，继续唱。"

齐庄公猛然惊醒，这不对呀，是要弑我吧？他当机立断，叫道："老崔，我不想死。我对天发誓，你放我出去，我绝不秋后算账。"

甲士笑道："不行。"

齐庄公说："好吧，请让我回到祖庙，我自尽谢罪，行了吧。"

甲士笑道："不行。"

齐庄公可怜巴巴："我不是问你们，我要找老崔说话。

老崔，老崔，你出来，我是国君，你不能这样对我。"

甲士笑道："总理生病，哪儿有时间理你。我们只接到命令，说有淫贼闯入，不知道什么国君。"

齐庄公一咬牙："老崔，算你狠。"他突然飞身一跃，攀住旁边的墙，一个卷腹，就想翻出。速度不可谓不快，可毕竟还是慢了半拍。只听嗡嗡嗡弓弦声不绝，他感觉大腿一阵剧痛，顿时四肢都不听使唤，从墙头倒栽下来。紧接着又是噗噗噗声不绝，箭矢源源不断赶到，把他装扮成了一只刺猬。

崔杼这才走出来，说："王八蛋，敢搞我的女人。外面还有人吗？我感觉没过瘾。"

贾举马上打开大门："总理，另外一个贾举就在这里，很能打，还有七个和他一样能打的人。"

崔杼说："七个？七十个又怎样，放箭。"

又是箭如雨下，当场牺牲的八位随身贵族大力士，名字分别是贾举、州绰、邴师、公孙敖、封具、铎父、襄伊、偻堙，排名不分先后。

贾举说："总理，你们家，真成了贵族的坟场。"

崔杼踢了踢齐庄公的尸体，叹口气："能杀掉这么多贵族，本来算是英雄事迹；可惜我们这件事的起源，却很庸俗。我真的希望，将来不要被写进《知音》。"

我希望不要被写进《知音》

夏季的一天，郑国总理子展和副总理子产两个人商量着国家大事。子展说："听说没有，咱们的老大晋国，如今正在夷仪那个地方，把齐国打得找不着北。趁着这个时机，我们干脆把陈国也干一下？"

子产说："嗯，应该。上次它狐假虎威，跟在楚国屁股后面打咱们，可把咱们糟践惨了。一路上，见树就砍，见井就填。楚国鬼子都不会这么坏，无怪乎人家说，鬼子不可怕，怕的是二鬼子。"

子展正色道："逻辑要自洽，陈国跟在楚国后面狐假虎威，是二鬼子，那咱们呢？"

子产有点脸红："对，咱们跟在晋国后面，也是二鬼子。那这么着吧，咱们不当二鬼子，不糟践陈国，这次去，把陈国打服了就行了。"

子产说："中。"

他们发布动员令，带着七百辆兵车，浩浩荡荡杀向陈国，一夜之间，就把陈国都城攻下。陈侯从梦里醒来，穿着短裤，带着自己的太子偃师向郊外坟地狂奔。他想，大兵来，不过就是抢钱抢女人嘛，墓地里啥也没有，比较安全。

谁知人家子展和子产是贵族，这会儿正站在陈侯宫殿门前，对士兵宣告："同志们，我们不是二鬼子，我们是仁义之师，不拿陈国群众一针一线。这次出兵，只是为了伸张正义。"

消息不翼而飞，飞到了郊外墓地。陈侯当即会意："这帮王八蛋，倒挺会装。好，我配合你，让你爽一把。你反陈国不怕，只要不反我陈国政权，啥都好商量。"

太子偃师说："爹，没有陈国政权，哪来的陈国？这块地自古以来并不姓陈。有了陈国政权，才有咱陈国。"

陈侯摸摸脑袋："这倒是，那咱们改一下，只要不反我，反啥都好商量。咱赶紧回宫，把财物献上去再说。"

他们跑回宫殿，找到司马桓子："那些个鼎啊，簋

学着点，这才叫贵族

319

啊，金银啊，虽然贵重，但只要国家在，以后还可以铸，还可以攒。快用车拉去，统统送给他们，只要他们肯退兵。"又抱着"社主"的木牌，带着一堆戴着镣铐的男男女女，低垂着脑袋坐在殿上，表示臣服。

子展手里提着缰绳，面见陈侯，很恭敬地拜了两拜，献上一杯水："不好意思，不小心俘获了国君，您请多担待。"子产也走进来，一五一十，把男女俘虏都数了一遍。又让祝官举行了祛除不祥的仪式，最后郑国的司徒、司马、司空三个官员出场，把户籍册、兵符、土地册归还给陈侯："我们郑国是仁义之师，不拿群众一针一线，你服了就行，咱们可不贪图你什么，不是来侵略你们的。"

陈侯频频点头："是是是，贵国是仁义之师，不拿群众一针一线。"心里骂道："去你妈的，有种别收老子的贿赂。"

按照规矩，打了胜仗，要向老大汇报，叫作"献捷"。没多久，子产去了晋国，穿着军服，要求拜见。总理赵文子让大夫士庄伯去接见，士庄伯虎着脸问："老产，你还敢来，我问你，陈国有什么罪，你急火火去打人家？"

子产说："一言难尽啊。"

士庄伯说："那就自古以来吧。"

子产嘻嘻一笑，说："我就是这个意思。话说很久很久以前，虞衍父为我先王周武王主管陶器，周武王看他陶器做得好，出身也不差，就把长女大姬许配给他儿子胡公，还把他封在陈地，成为陈侯。所以陈国也有我大周的血脉，我郑国成立以来，又相继拥立了陈厉公、庄公、宣公、成公等多位国君，为陈国社稷，立下了不可磨灭的功勋。但陈国忘恩负义，竟投靠楚国鬼子，狐假虎威，侵略我国；去年，我们向贵国请示，要求伐陈，贵国不答应，说冤家宜解不宜结，算了，我们只好忍气吞声，但今年贵国自己去打齐国，说是报前年的朝歌之役。我们就想，贵国有仇不肯报就算了，为啥我们就算了，所以愤而伐陈。但我们不是侵略，因为陈国一投降，我们就撤兵了，我们没拿陈国群众一针一线。"

士庄伯笑着说："是的，除了一针一线，什么都拿……行行行，咱们不讨论这个，你说，继续说，为什么以大欺小？"

子产笑了笑："大周的规矩，天子之国千里，诸侯之国，大者也不过百里。现在贵国之地远超千里，这是为什么呢？"

学着点，这才叫贵族

321

士庄伯左右看了看，说："最后一个问题，你为什么穿军装来见，难道不该穿朝服吗？"

子产说："我先君武公和庄公，都是周平王、桓王时的总理，晋文公称霸时，命令我先君郑文公穿着军装辅佐周王，向周王献捷。所以，我这也是效法先祖，以示尊崇王命啊。"

士庄伯默默点头，进去向总理赵文子报告。赵文子沉思了一会儿，语重心长地说："你们，也学着点，这才是贵族。这世道，只要你能言善辩，就算去侵略别人，也是正义的。"

做个马马虎虎的领导并不难

因为总理孙文子发动政变，卫献公像狗一样跑出国去，逃往齐国。还好，他的司机是卫国著名神射手公孙丁。但是，孙文子派来追杀的，也不是一般人，同样是两个神射手，一个叫尹公他，一个叫庾公差。不过很巧，这三位神射手有重叠的师徒关系。庾公差对尹公他说："徒儿，公孙丁是俺师傅，俺是贵族，按贵族守则，不能射师傅；但一下不射，也是渎职，也不像贵族，只能象征性射两箭。"他连发两箭，只射中了车辕："算说得过去了，俺们回去。"命令司机掉头。

尹公他表示反对："他是您师傅，亲承面授，您拉不下面子。但他只是我师祖，关系远，我不需要给他面子。让我射死他，带回去交差。"命令司机回头。

公孙丁见来者不善，对卫献公说："首长，来了个浑小子，恐怕我得出手了，你帮忙开会儿车。"他把缰绳塞给卫献公，掣出自己的弓箭，一箭射去，尹公他惨叫一声，手臂被箭矢射穿。庾公差笑说："这样回去更好交代了，我们不是没尽力，还受了伤。"

到了齐国边境，卫献公说："休息一下，喘口气。你，祝宗，你是管祭祀的，筑个坛，跟列祖列宗汇报一下，这回发生政变，不怪我，我没有做错一点事，都是乱臣贼子不对。"

卫献公老爸卫定公的夫人，也在逃亡队伍中，她一听不高兴了，说："你敢说你没罪？对着列祖列宗，都敢说谎。你一天到晚躲在宫里，只跟小臣玩耍，不跟总理会面，一罪也；你老爸给你留下孙文子这么好的大臣，你不晓得珍惜，还侮辱人家，逼得人家政变，二罪也；我好歹是你老爸的原配夫人，身份地位都不一般，你却对我颐指气使，毫无礼貌，三罪也。你还好意思说自己没罪。"

"你说是就是吧。"卫献公嘟嘟囔囔道，"反正我现在说什么，都不占理。"

鲁国政府派厚成叔去卫国，说："我们领导听说你们国君被赶跑了，流亡了，这到底为什么？君臣之间，大多是亲戚，有话好好说嘛，何必动刀动枪的？"

卫国主管接待的人叫大叔仪，他回答："都是我们做属下的不对，得罪了领导。领导不忍心惩罚，宁愿自己出亡，抛弃我们。唉，这破事搞得国际上都知道了，还给你们添麻烦，实在对不住。谢谢你们的双重哀怜，哀怜我们没有领导，哀怜我们下属的愚蠢，总之谢谢，谢谢了。"

　　厚成叔回到鲁国，对大臣臧武宗说："我看那卫献公啊，一定会回国，重新当政。据说跟随他出亡的，有他聪明的亲弟弟子鲜和子展；在国内，又有大叔仪这样的留守，想不重新当国君都难啊。"臧武仲说："真的呀？我也要去看看。"

　　齐国人把卫献公安置在郲邑，臧武仲去了郲邑。卫献公亲自接待，宾主双方聊了一阵，臧武仲告辞，回到宾馆，摇摇头，对下属说："厚成叔真是瞎说呀，这卫献公，分明就是个脑残嘛，满嘴都是喷粪，怪不得手下要把他赶出去。落到这般田地，一点都不悔改，怎么复国？"

　　他正在慨叹，听到人敲门，手下进来，说有贵族拜见。臧武仲打开门迎接，一看，是子鲜、子展两个，他们目光温驯，期期艾艾地说："听说您对我们国君有些不好的看法，我们想来问问原因。"

做个马马虎虎的领导并不难

325

臧武仲说："甭问了，越描越黑。"

但是他跟两个人聊了一阵，感觉很舒服，很开心。把客人送走，他回头对手下说："我错了，卫献公那小子命好，这么多才华横溢的手下，想不复国都难啊。"

手下说："这些才华横溢的手下，都愿意跟着那位满嘴喷粪的领导。看来，这位领导除了喷粪，还有过人之处吧？"

臧武仲说："是的，他喷粪是喷粪，但还算好，一般不喷到人家身上。"

十二年后，卫献公果然回到祖国，重新坐在一把手的交椅上。

这个故事告诉我们，做领导其实并不难，只要你不直接对着人身体喷粪，一般来说，你永远都会是领导。

后记

　　这本书的上一版，是 2013 年中华书局出的。那时我住在北京西三旗，女儿猫猫两岁，很听话，我经常一把抄起她，让她悬离地面，像森林里遭捕食的幼兽一样挣扎，然后我命令："叫'爸爸好'！叫了'爸爸好'就放下你。"她总是不假思索："爸爸好。"然后被我放下，蹦蹦跳跳跑开，重享她的自由。而现在，女儿已经七岁半，本来该读二年级，但因为转学到日本，还是一年级。她已不再听话，再也不肯听命叫"爸爸好"；而且凡事都有自己的主见，不说服她，怎么也别想叫她就范。她妈妈经常被她气得咬牙切齿，但待她入睡后，又忍不住吧唧吧唧一阵猛亲——我不知道为什么扯到了这里，这很不像写一本书的后记，只是五年前我刚收到并拆开这本书的样书时，猫猫正在我身边蹦来跳去，咿咿呀呀，此情此景，历历在目。

去年暑期，东方出版社的陈卓先生来找我谈约稿事宜。他提到，我过去的书，有些还有再版的价值，尤其这本《有风度才叫贵族》，语言隽永有味。我还记得有一天夜里，妻子放下我的新书《户口本》，说："看完了，语言不错，可以和《有风度才叫贵族》媲美。"种种情况看来，它确实有点价值。于是和陈卓先生约好，等版权到期，立刻交他出修订版。

这次再版，我增加了新写的六篇文字，总共一万多字，又删掉了两篇和贵族主题联系不够紧密的，其他篇章，也有不少字词方面的修订。另外，第一次出版后，老有读者问我，书里的描写是不是真的，有没有历史依据。我告诉他们，没有虚构，都是按照《左传》和《国语》的记载，只是绝非循规蹈矩地翻译。我总是绞尽脑汁，寻找一个有意思的切入点开始叙述，前后左右，修饰铺陈。我用小说的笔法，目的是为了好读，且无时无刻要体现我的文字审美，当然，这需要碰到合适的读者。

有一件事绝对值得一提。在此书第一次出版后的五年中，我经常收到一些小额汇款单，是一个叫《百家讲坛》的刊物寄来的。原来，此书中的文章，屡屡